イエスのDNA

トリノの聖骸布、大聖年の新事実

THE DNA OF GOD?
THE TRUE STORY OF THE SCIENTIST
WHO REESTABLISHED THE CASE FOR
THE AUTHENTICITY OF THE SHROUD OF TURIN
AND DISCOVERED ITS INCREDIBLE SECRETS

◎医学博士
レオンシオ・ガルツァバルデス
◎訳
林 陽

SEIKO SHOBO

THE DNA OF GOD ?

Published by arrangement with Doubleday,
a division of The Doubleday Broadway Publishing Group,
a division of Random House, Inc. through Tuttle-Mori Agency, Inc., Tokyo

目次　CONTENTS

第Ⅱ部　聖骸布を科学する

Cover Designed by
FROG KING STUDIO

イエスのDNA　The DNA of GOD？

緒言

『The DNA of God ?』、本書の表題は挑発的である。これを反宗教的、異端、あるいは売らんがための戦略と見る人がいるかもしれない。だが、このタイトルは、神学的にも擁護できるものなのである。

キリストの第一世紀、教会はナザレのイエスの性格を定義づけようとする多くの試みに出会った。誤謬《ごびゅう》を説き、民衆を惑わし、危険とみなされる説もあった。キリスト学の問題を調べるなかで、教会は、はっきりとした公的な立場を築いてきた。すなわち、イエスは神であり人である、人としての性質は神と一体の「人性」である、神と同質である、いついかなるときにも神である、などだ。

イエスの性質についての問題は、母なるマリアと子なるイエスの関係を議論する際の中心的な論点になった。多くのキリスト教徒が、マリアを説明するのに、「神の母」という呼び名を使ったが、この語法に深刻に反論する人々もいた。

ＡＤ四三一年、エフェソス公会議で、キリスト教会はその信条を、次のように厳粛にうたった。「マリアはイエスの母と呼べるだけではなく、神の母とも呼ぶことができる。イエスが神でなかったときは一度もない。イエスの母になったというまさにその事実によって、マリアは神の母である」

そこで、イエスに関わることはみな神に関わるというのが、神学的な事実である。イエスの体は神の体である。イエスの言葉は神の言葉である。イエスの血は神の血である。イエスの血の内容物――たとえばＤＮＡ――はまさしく、神のＤＮＡと呼ぶことができるのである。

トリノ聖骸布に包まれていた人がナザレのイエスだったという事実は、いまだ実証されてはいない。本書の原題に見る疑問符はその不確定性を表わしている。だが、真実イエスの聖骸布であれば、そこに付いた血の染みとＤＮＡは、神の血とＤＮＡなのである。

ジョン・Ａ・レイエス神父
セント・メリー大学
（テキサス州サン・アントニオ）

第I部　イエスのDNA

序章　それは神のDNAなのか

トリノ聖骸布《せいがいふ》を含む古代遺物の科学的研究によって、私は世界各地を巡り、未知の科学的分野と込み入った政治的謀略に巻き込まれることになった。苦い経験と深い挫折感を伴う旅だった。だが、私的にも、科学者としても、大きな転換点になったのは、本物の聖骸布のサンプルをこの目で見、手に取った瞬間である。

私は、この布が、在世当時のイエス・キリストに結びつく物証であるという可能性に深く心動かされ、長年関心を持ち続けてきたが、私的関心をはるかに超えていたのは、医学者の立場から聖骸布の謎にメスを入れるということだった。それは、私の科学的発見の旅のなかでも、深い示唆に富む、最高の瞬間だった。

不思議に聞こえるかもしれないが、それは何もかもが科学に関係する、信仰とはほとんど無縁の旅だった。多くの人は、信仰の対象としてトリノ聖骸布の正統性を認めている。それは、事実よりも、ひたすら信仰によって受け入れる態度である。

イエスの神性の科学的証明に価値があると考える人がほとんどいないように、私自身、トリノ聖骸布がイエスの埋葬布であることを科学的に証明することには疑念を懐いていた。とはいえ、私たちは懐疑主義の時代に生き、なにごとも科学的な基準にしたがって説明しようとするものだ。私は聖骸布そのものを含め、信仰の問題には深い憧憬を覚えるが、「事実」を探るにあたっては、科学の要求するものに安心を覚える。

事実、私の職業人生は、すべて科学的方法に立脚してきた。調査に必要なのは物証である。それがなければ科学的方法は役に立たない。したがって、私は、聖骸布が間違いなくイエスの埋葬布なのか、神的・超自然的な方法によって聖骸布像がつくり出されたのかといった、証拠のないことがらについて判断を下すつもりはない。幾世紀ものあいだ聖骸布を取り巻いてきた議論のすべてに、終止符を打とうとも思わない。

とはいえ、疑問のすべてに答えることはできないにせよ、私はいくつかの驚嘆すべき情報を手にしている。それは、聖骸布を取り巻く謎の多くを解き明かし、今後の聖骸布の研究に直接関係してくる情報である。

聖骸布についての物的証拠の多くは、これまで最新の科学的手法によって調べられることはなかった。顕微鏡検査の証拠はさらなる問題を提起するものだが、それは聖骸布の歴史にいっそうの洞察を加えるものである。それは私の研究に役立った。また、今後同じ道を歩む科学者にとっても、間違いなく有益であろう。

私が集積した証拠は、幅広いことがらを暗示している。例えば、この研究によって、聖骸布の年代に関する多くの謎が明らかになっている。それは、聖骸布がイエスの時代のものではないと結論づけた、一九八八年の炭素年代測定に特に言えることであろう。今や、私はこの結論が完全に誤っていたことを知るにいたった。だが、当時その理由を知る者は一人もいなかったのである。

私は、みずから「バイオプラスチック膜」と命名した、肉眼では見ることのできない透明なさやに似たものを、聖骸布の表面に発見している。見る人の目には、このバイオプラスチック膜は光るラミネートのように映じるであろう。聖骸布には、驚くべき表面の光沢があると、何人もの目撃者が指摘してきたものがそれである。

だが、それは人工のラミネート加工ではない。サンゴに似て、長い世紀のあいだに、無数の細菌がつくり出してきたものなのだ。それは私が他の古器物を調査するなかで、以前から注目していた自然の造形である。

一九八八年に聖骸布の炭素測定を行なった科学者たちは、この炭素をふんだんに含む微生物のつくり出したバイオプラスチック膜を、聖骸布の繊維本体と一緒に測定にかけていることに気づかなかった。彼らがはじき出した結果は、真実の年代とのあいだに、幾世紀もの誤差を生じる結果になった。私はこれまでに集めてきた証拠に基づき、トリノ聖骸布は、巷間言われているような中世の贋作ではなく、イエスの時代の遺物である可能性が極めて高いと結論するにいたった。

この重要な発見に加え、福音書に記録されているイエスの死と埋葬の記述に驚くほど符合する顕微鏡鑑定を得ている。聖骸布からは、酢酸《さくさん》（酢）を合成する細菌が単離されている。この細菌は、十字架上のイエスに、海綿に浸されて差し出されたと記録されている「酢いぶどう酒」の痕跡ではないのか。

聖骸布の後頭部からは、堅木類（樫）の極微の切片が検出されている。これらは真の十字架の木の切片ではないのか。

また、私が聖骸布繊維から検出した、ヒトの男性DNAを含む血の残留物についてはどうなのか。これはイエスのDNA、すなわち「神のDNA」であろうか。

本書を世に送るのは、私がこれらの発見をしたときの感動を、読者にも分かち与えたいとの願いからである。本書の記述が、この聖遺物の重要性をいっそう深く認識させるとともに、その秘密のさらなる注意深い調査へとつながることを願っている。

一九九八年七月二十九日、バチカンでの謁見の際に、私は教皇ヨハネ・パウロⅡ世に本書の原稿を直接手渡した。それは、私の胸に永遠に刻み付けられる瞬間になるであろう。

第１章　聖骸布のミステリー

私は、トリノ聖骸布についてとくに学んだ記憶はない。だが多くの人々と同様、幼少のころからその名前に親しんできた。とくに思い出すのは、篤信のカトリック信徒だった母が祈祷書にはさんでいた「イエズスの御絵」である。それは、聖骸布の人の陰画からプリントされた写真だった。その写真にまつわるミステリーが、私を奇跡の感覚で満たした。以来その感覚は私につきまとい、けっして離れることはなかった。だが、そのときでさえ、この聖遺物に映し出される「像」に疑いを持ったのを思い出す。

後年、私はイタリアでの休暇中に、トリノにある洗礼の聖ヨハネ大聖堂を訪れた。聖骸布そのものを見ることはできなかったが、実物大の透明画が展示されていた。自分では、それほど大きな期待をして訪れたわけではない。埃《ほこり》にまみれた古代の遺物を見るに過ぎないのだと、高をくくっていたのだ。だが、この実物大の画像は複写に過ぎなかったにもかかわらず、私はその前で立ちすくみ、幼ないころの驚きは、深い畏怖の気持ちへと変わった。私は歴史の遺物を予期していたが、今や歴史の刻印を前にしているのだ、という気持ちに襲われていた。それは遠い昔の感覚と、また非常な親しみを感じさせるものでもあった。

こうして聖骸布は、私にとって非常に身近なものになった。自分の医師としての、また、微生物学教授としての経験ばかりか、考古学への強い興味を心に留めつつ、その背後に潜む科学を探りたいと思うようになっていた。この時点では、私の好奇心は仕事というよりはむしろ趣味に近いものだった。だが、私は最新の研究に従事するようになった。そこには学ぶべきことが多くあった。

＊

トリノ聖骸布は、長い世紀にわたって熱心な信仰の対象であったため、研究に専念する人々の特別チームが編成されている。彼らは「シンドノロジスト」（衣を意味するギリシャ語の「シンドン」に由来）と呼ばれている。これら聖骸布研究者たちは、聖骸布の秘密に光を当てる最新情報を熱心に探ってきた。彼らは、どんなささいな情報でも、聖骸布の真実性を証明するのに役立つと期待しているのだ。

私は、聖骸布にそれほど入れ込んでいたわけではない。そのため、一九八八年十月、トリノとロンドンで炭素年代測定の結果が発表され、聖骸布の年代が一二六〇年から一三九〇年のあいだのものであり、したがって中世の捏造に違いないと断じられても、シンドノロジストたちのようにはショックを感じなかった。これは重大ニュースとなって全世界を駆けめぐり、新聞の一面を飾ったが、私は驚きもしなかった。聖骸布の真実性について、何世紀ものあいだ、疑問が表明されてきたことを知っていたからだ。

一三八九年にはフランス人司教のピエール・ダルキスが、当時フランスの小村、リレーに展示されていた聖骸布について、「人間の所産であって神的なものとは無関係」と書いた。同じような疑問の声は、何世紀にもわたって聞かれた。

ところが一八九八年五月になって、イタリア人のセコンド・ピアが、聖骸布を初めて公式に写真に収めた。その印画紙に、これまで人間の目には見えなかった、人に生き写しの奇跡の「像」が写っていたため、誰もが驚いた。さらには写真技術の進歩により、一九三〇年代になって撮影された写真が、印画紙の画像が偶然の所産でも、捏造でもないことを証明した。

そして、この鮮明な写真によって、フランスのピエール・バーヴェット、イギリスのデビッド・ウィリス、ドイツのヘルマン・メダー、イタリアのジュディカ・コルディグリア、アメリカのロバート・バックリンなど、世界中の科学者が、聖骸布の上に描かれた人の姿を綿密に調べてきた。彼らは、像がナザレのイエスと同じ方法で磔刑《たっけい》に処せられた人間のものであると確信した。解剖学的にも、生理学的にも、像が中世の画家の作品であるとはとうてい思えない。

ここで、「写実的な」絵の観念が、中世と現代とではかなり異なることを記憶しておく必要がある。十五世紀のレオナルド・ダヴィンチまでは、後期古典派の画家たちは、解剖学的な細かなことに注意を寄せることはなかったのである。私はまた、十三世紀、フィレンツェの画家、ジョットの絵に描かれた木が、当時の人々によって「写実的」と絶賛されていたのを思い出す。十三世紀といえば、炭素測定によって聖骸布の年代とされたのと同じ時代である。

とはいえ、現代の私たちがジョットの描いた木を見ても、木というよりはブロッコリーに見えるだけである。現代人が懐く「写実」の観念は、写真術と電気的な像の焼付けによって形成されてきた。私たち、とくに医師が、聖骸布の上に完璧な写実的人物像を見ることができるというのは、実に感動的なことなのである。

一九七〇年代、スイスの犯罪学者、マックス・フレーが聖骸布の埃のなかから花粉を発見し、その植物を特定するにいたって、聖骸布の信憑性《しんぴょうせい》はさらに強められることになる。それは、イスラエルからトルコにかけて分布する植物の花粉だったため、ある時期、これらの場所で聖骸布が空気に触れた可能性が明らかになった。

一九七八年、ロスアラモス国立科学研究所、空軍兵器研究所、ジェット推進研究所その他のアメリカの科学組織から派遣された三〇人の科学者からなるSTURP（トリノ聖骸布研究プロジェクト）が、五日間にわたりトリノ聖骸布を精密検査して、この説がさらに濃厚になった。顕微鏡測定、赤外線分光測定、X線撮影、特殊粘着テープの先端に集められた像と非像部分からとられた三〇を超すサンプルの分析がここに含まれていた（数年後に私自身がこのサンプルを検査することになるとは当時は予想もしなかった)。

続いて出版された公式報告で、STURPの科学者たちは、聖骸布の像は染料ではなく、繊維素が分解したもの(脱水酸化物)であり、復活時のエネルギーの放出から、このような化学反応が起きたのだろうと結論した(これが誤りであることは、のちの私の調査によって証明された)。彼らはまた、聖骸布を信仰する人々が長年「血痕」と見なし、反対派が染料の一部に過ぎないと指摘してきた染みが、事実、血液で構成されていることを確証した。

一九七八年にはイギリスの作家、イアン・ウィルソンが、聖骸布がかつてトルコのエデッサ(今のウルファ)に保管され、九四四年から一二〇四年まではコンスタンティノープルに保管されていたのと同一の布であることを、歴史的に証拠づけた。これは花粉の発見とも一致し、十四世紀末にダルキス司教がリレーの村で見る以前にこの布が置かれていた場所を、部分的に説明するものであった。こうした発見は、聖骸布が真実、イエス復活の際にできた肖像であり、今の物質主義の時代に神がお与えになった贈り物であるとの考えを支持しているように思えた。だが、聖骸布がイエスの時代のものであるかどうかをより正確に決定するためには、科学的試験がまだ残されていた。放射炭素測定法である。すべての生物が生存中に吸収する炭素原子、放射性炭素14(C14)が失われている度合いを調べ、木、亜麻布、骨といった古代の有機物の年代を決定する方法である。

考古学者と人類学者は、先史時代についての理解を広げ、深めてくれるこの科学的方法から、大きな恩恵を被ってきた。遺物によっては、他よりも測定しやすいものがある。例えば、古代の焚き火跡から発掘された木炭は、矛盾のない年代をだすことができる。だが、骨などは正確さが薄れてくることが分かっている。概して、植物性の遺物は信頼度が高く、それは亜麻布の繊維を提供する「亜麻」にも、確かに言えることである。

炭素測定法が使えるようになってから、それを聖骸布に応用することが求められてきたが、提案は拒否され続けてきた。ハンカチほどの大きさのサンプルを裁断しなければならなかったからである。その上、炭素測定をするためにはサンプルを焼いて灰にするため、切れ端は残らない。一九七〇年代に聖骸布を所有していたイタリアのウンベルト王は、STURPの調査が終ったときに、犠牲があまりに大きすぎるとの判断を下した。

しかし、一九七〇年代末になって、ニューヨーク・ロチェスター大学核構造研究所所長のハリー・ゴーブ教授が、加速型質量測定器（AMS）と呼ばれる、炭素測定の新技術を開発した。この方法ならば大きなサンプルは必要ではなく、切手ほどの面積があれば十分である。聖骸布を保護する人々がその程度の犠牲を許容しさえすれば、七〇年から一〇〇年ほどの誤差で、その成立年代を割り出すことができる。

ところが一九八三年、ウンベルト王は決断をすることなく世を去った。彼は教皇とその継承者たちに聖骸布の管理を委ね、トリノに保管し続けることを遺言に残した。ほどなくして、バチカンは、ゴーブのAMS炭素年代測定を聖骸布へ応用することに同意した。教皇から聖骸布の管理を任されていたトリノ大司教、バレストゥレロ枢機卿は、三カ所の炭素測定研究所に参加を求めた。イギリス・オックスフォード大学、スイス・チューリッヒ大学、タクソンのアリゾナ大学の各研究所である。

一九八八年四月二十一日、門外不出の聖骸布はついに表にだされた。サンプルは全員の前で切り取られ、科学者たちに配分され、各研究所に運ばれた。将来の実験で必要になった場合を考えて予備のサンプルが用意され、厳重に保管された。

聖骸布研究者たちを驚愕《きょうがく》させる声明がだされたのは、それから六カ月後のことだ。一九八八年十月十四日、トリノとロンドンでほぼ同時に開かれた会議で、三つの研究所の測定結果が発表された。

ロンドンでは、三つの研究チームの総指揮にあたった大英博物館のマイケル・タイト博士が、博物館で記者会見を行なった。オックスフォード大学のエドワード・ホール博士、ロバート・ヘッジス博士が同席した。彼らが背にする黒板には、「1260-1390!」という大きな文字が、チョークでなぐり書きされていた。三人の説明によれば、三つの研究所がそれぞれの検査で特定した年代はきわめて近似し、この年代の間のどこかで聖骸布の亜麻が作成された確率は九五パーセントに近い。

予想通り、サンプルの差し替えや不注意によるミス等を指摘する信者たちが現われた。この見方を追究する本も何冊か書かれたが、私自身は、炭素年代測定に携わった科学者たちは誠実

トリノ・洗礼のヨハネ大聖堂。
聖骸布は礼拝堂に保管されている

1988年10月14日、
大英博物館で記者会見する
マイケル・タイト博士（中央）。

かつ優秀であり、当時としては測定に完璧を期したものと信じている。

さらに翌一九八九年二月十四日、ロンドンで、大英博物館協会の後援の下、エドワード・ホール博士が「トリノ聖骸布──思い込みの教訓」という演題で講演を行なった。炭素測定を疑う者たちの疑念を一掃するのが、彼の講演の目的だった。自分の研究所では年間一〇〇〇件の炭素測定を実施していて、結論が誤ったことは一度もないとホール博士は話した。何らかの不純物が測定結果に影響を与えた可能性については、三つの研究所は特殊な溶剤を使い、その種のミスを排除していると説明した。

「この手法によってサンプルの二〇パーセントが溶解された。第一世紀の聖骸布に中世の年代をだすためには、現代の不純物が六〇パーセントなければならないことになる。しかし現実には、不純物が一パーセントあっても驚くだろう」

メキシコ育ちの小児科医の私が、この著名な科学者の誤りを証明することになろうとは、そのときは想像もしなかった。まったく別分野で進めていた研究が、聖骸布の謎に光を当てることになろうとは、当時は露ほども思いはしなかったのだ。

第2章　古代マヤの遺物を覆う謎の物質

私の行なった聖骸布調査のもっとも重要な面は、ある個人的な興味から展開したのだが、これが聖骸布に関係してくるとは予想もしなかった。それは、古代マヤ文明の研究だ。

私は過去四〇年以上にわたり、医学と微生物学の仕事を愛するのと同じほど、古代マヤの考古学調査に深い関心を寄せてきた。

古典マヤ文明は、AD二〇〇年から九〇〇年の間に、メゾアメリカとして知られる地方、グアテマラ、メキシコ南西部、ベリゼ、ホンジュラス、エルサルバドルの熱帯低地帯に栄えた。それ以前、BC一〇〇〇年からAD二〇〇年までの時期はプレクラシック（古典前期）、それ以後九〇〇年から一五〇〇年までの時期はポストクラシック（古典後期）として知られている。マヤ文明は、その建築技術、天文学、高度に進んだ社会構造によって、人類史を豊かなものにした。

私がマヤ考古学に関心を抱いたのは、まだ小学生だった一九五〇年代初頭のことである。モンテアルバンの先住民、ザポテク族の墳墓を調査した考古学者、アルフォンソ・カソの活躍を映画化した『エル・プエブロ・デル・ソル（太陽の民）』を観てからだ。モンテアルバンは、古代のヒスイ細工が多数発見された場所である。

ヒスイ細工は、古代アメリカの支配者たちに呪術的な力を与えたといわれている。冒険好きな一〇歳の少年にとっても、ヒスイは知りたくてたまらない、美しくもスリルに満ちた民族の過去を象徴するものだ。それを取り巻く歴史は実に興味深い。ヒスイは、それを所有した人々の秘密と、彼らのたどった悲劇と冒険を、封印しているかのように思えた。

ヒスイは古代アメリカ先住民族がもっとも重宝した品で、黄金以上に尊ばれたといわれている。ひとつの文化がもっとも大切にするこのような品は、当然、物質を超えた価値とも結びつくようになるものだ。

かりに、三十一世紀の考古学者が、私たちが金《きん》に対して抱いている価値観を知ったとすれば、黄金の婚約腕輪は私たちの尊んでいる観念の象徴だった、と推理しても不思議はない。私たちがマヤのヒスイ工芸品を見るときにも、古代マヤ族の世界観と、彼らが大切であり、聖であると信じたものを理解する、何らかの手がかりが得られるのである。

アルフォンソ・カソの物語に焚きつけられたこの情熱は、のちに、メキシコシティー国立考古学博物館で古代のヒスイ細工を見て、いっそう強められることになる。その美しさと光沢には息を呑んだ。製作されて一〇〇〇年以上ものあいだ、これらのヒスイが光沢をまったく失わずにいることに驚嘆したのだ。

私はインディー・ジョーンズのような考古学者兼探検家になることを夢見ていたが、より現実的な人生を望む気持ちが勝り、高校在籍中に医師になろうと決意した。そして、医学研究と併行して、微生物学への興味を追い続けた。一九六〇年、医大三年のときには生化学、微生物学、細菌の変成過程の研究に心血を注いだ。友人たちからは、陶酔しているかのように、情熱的に細菌の変成過程の話をする、とよく言われたものだ。それは確かに激情に近いものだった。とはいえ、有意義な激情だったのだ。その三五年後に、私はこの知識を用い、トリノ聖骸布の年代決定を取り巻く異常事態を説明することになるからである。医師の資格を取り、小児科医、小児心臓内科医としての経験を確立してからも、私はヒスイ細工への関心を失わなかった。

一九八〇年から八四年にかけては、人類学の修士号を得るため、医学の経験を生かし、古代の出土品の年代を決定する科学的手法、アーキメトリー（考古測定学）に特に力を入れた。この研究では化学の知識がとりわけ役立ち、ヒスイ細工に対する情熱がふたたび湧き起こってくるのを感じた。古代のヒスイ細工を集中的に研究することを決意し、各種の岩石の成分を識別できるよう、地質学と鉱物学の研究を進める一方、顕微鏡を使って岩石から採取された鉱物を調べる視覚鉱物学と、その化学構造を分析する地球化学の研究に専念した。また、鉱物学も研究し、野外調査を開始できるだけの準備も整えた。

私の親友の一人に、アメリカ自然史博物館宝石鉱物室室長のジョージ・ハーロー博士がいた。一九八〇年代半ばに、彼と私は地質調査のためにグアテマラの密林を三回探索した。地元の村に滞在し、毎日のように密林にトラックを乗り入れては、変成岩の多い川底や露出地、強い地殻変動を受けた断層地帯でヒスイを捜し続けた。川底では、求める岩石を捜すだけで済み、広大な露出地帯では、地表を少し掘るだけで求めるものが手に入った。

ところが、発見したヒスイには、かつて博物館の標本に見ていた美しい光沢が見られなかったのだ。これら天然ヒスイの原石の表面には、二次的な風化作用が認められた。その変化に強い関心を抱いた私は、化学構造を調べるため、サン・アントニオの私設研究所にサンプルを持ち込んだ。

年を重ねるにつれ、多くの岩には黒い膜が生じてくる。これをニス（岩ニス、砂漠ニス、生物合成ニス）と呼び習わしている。これらヒスイの二次的形成物を調べてみたが、カオリンやスメクタイトへ変化する輝石や長石に見るような二次的鉱物の形成しか分からず、艶が変化する理由についてはまったく説明がつかない。自分の所有しているヒスイに見る、あの美しい光沢の原因は謎に包まれたままだった。私は、ヒスイ細工の光沢については、いまだ説明ができずにいたが、製作者が研磨して生じたものだと考えていた。

とはいえ、環境が一因をなしていることは分かった。マヤのヒスイには、血と根とファイトリス（後述）、それに長い時の経過のなかでしか起こり得ない、鉱物の変化が認められたからである。問題を解く鍵が微生物学にあることを知ったのは、ようやく一九八三年になってからである。

私に幸運が舞い込んだのは、二三歳のときだった。マヤの古器物の知識を広げてくれる専門家を捜すうち、モンテレー出身のアホー・ルビオ教授に巡り合ったのだ。教授はこの問題に造詣が深く、美しい標本も持っていた。教授の所持するヒスイの標本（アホー・コレクション）は、いろいろな鉱物が混ざり合う、緑色の彫った石だった。そのなかでも、本物のヒスイとソーダ長石のいくつかが、もっとも重要なものに思われた。美しい彫り物と光沢を備えていたからだ。

一九七〇年、ルビオ教授は引退を機に標本を売却する決意をした。私はアホー・ペクトラル（ペクトラルは胸当ての意味）とイツァムナ・トゥンの二つを買う幸運に恵まれた。いずれも古代マヤの祭司王が呪術に用いた、彫刻を施した宝石だ。これらは、私の収集した古代マヤ族の工芸品の最初のものとなった。

一九八三年、アメリカ考古学会でアホー・ペクトラルついての報告をした私に、運命の時が訪れた。良質の石英を成分とするこの碧玉《へきぎょく》は、五つの部分に分かれた青緑の彫った宝石で、元来は二〇カ所の小穴を通して木綿の糸で一つにくくられていたものだ。穴には糸の繊維の一部が残り、ファイトリスと呼ばれる乳白色の物質が、胸当て（ペクトラル）の表面に付着していた。A・ピペルノによれば、「ファイトリスは植物の細胞内で生産され、植物の死とともに細胞から解放される水和珪素」である。ファイトリスの一部は、熱帯雨林に生育するタケ科植物のものだった。このタケ科植物はグアテマラ南東部、ベリズ南部、ホンジュラス南東部の中米熱帯雨林の狭い範囲にしか分布していない。胸当ての製造された地域を暗示するものだ。

図象工学による検査では、マヤ時代古典後期の作という結果がでた。古代オルメカ文明の石造芸術には、マヤ族の王がこの種の胸当てを首につけていたことが示されている。この胸当ては支配者の権力を象徴しているが、たんなる象徴以上のものであろう。それは現世と祖霊とを結ぶ接点に類するもので、支配者は、望めばこの接点を通じて他界に飛び立ち、祖霊と通じ合えるとの信仰があったのである。

標本の正確な起源は明確ではない。だが一九七八年、テキサスに住む二人の中米考古学者は、支配者を高揚させるその彫刻と類を見ない美しさとから、「アホー・ペクトラルはコロンブス前のもっとも重要な工芸品である」と結論づけた。ところが、私がアメリカ考古学会に報告書を提出したこの年に、ニューヨークの二人の遺物鑑定家が、私を魅了した光沢そのものをもって、アホー・ペクトラルを「にせ物」と断じたのである。彼らは、「贋作コレクションに加えたいので、この二つを売ってくれ」とまで申し出たのだ。愉快な気持ちはしなかったものの、彼らの用心深さは理解できた。

実際、古代工芸品の世界は贋作にあふれていて、物品の信憑性を証明するのは容易なことではないし、また容易であってもならないのだ。遺物の表面を科学的に調べ、それがつくられてからどれくらいの歳月が経過しているかを、証拠づけなければならない。つまり、それがどの程度、環境の影響を受けているのかということである。

私が大事にしてきたヒスイ芸術についていえば、そのきらきらする光沢は、どのような歴史を物語っているのであろうか。私のヒスイが本物ではないという鑑定が、それを徹底的に調べるよう私を焚きつけた。自分の心を落ち着かせるためにも、光沢をつくり出している表面が、数世紀にわたる自然の風化作用によるものなのか、最近つくられたものなのかを調べなければならない。そこで私は、イツァムナ・トゥンとアホー・ペクトラル、その他の古器物について、一三の別々な分析法を使い、一連のテストを開始した。

イツァムナ・トゥンの光学顕微鏡検査によって、光沢が天然の造形であることが、まず確かめられた。それは人工のものではあり得ない。幾百万とも知れぬ数の青緑色のグラム陽性細菌を検出したからだ。それはピンクの色素を生産する細菌で、他にも、濃褐色から黒色までの、さまざまな色のカビを発見した。これらが一つになって、黄色いプラスチック膜をつくり出していたのである。光沢を生み出しているのは細菌なので、私はこれを「バイオプラスチック膜」と名付けた。微生物学者の目には、それは化学構造と耐久性と透明度を兼ね備えた、何とも美しい作品に見える。

プラスチック膜の組成はポリエステル、あるいはPHA（アクリル酸に類似するポリヒドロキシアルカネート）であることが判明した。電子顕微鏡を用いての検査では、アホー・ペクトラルの膜の厚さは二〇ミクロンであることが判った。電子顕微鏡の下では、五つのかけらを繋いでいた木綿の細片も識別できた。皮下注射針を使って採取し、検査してみると、糸屑もまた、カビとバイオプラスチック膜に覆われていることが確認できた。

現代科学はかなり複雑化しているが、もっとも美しく、またしばしばもっとも有効な検査は、光学顕微鏡のような、ごく単純な作業によることが多いものだ。とはいえ、光沢の組成を決定する必要に迫られたときには、最新のテクノロジーがものを言う。皮膜は、サン・アントニオのサウスウエスト研究所で、赤外線分光測定に回された。ここは、二〇年間私が利用している産業検査室である。サンプルはタンパク質の検出に使われる「黒アミド」によって染色された。予想通り、サンプルは色素を吸収し、有機物の沈着であることが証明された。

これが明らかになった瞬間、光沢の謎が解明されたのである。それは人工的なものではなく、有機物だったのだ。

＊

とはいえ、これが本物かどうかという問題が、まだ残されていた。この面での調査をするために、私はイツァムナ・トゥンの歴史知識に頼った。

このセルト（石斧《せきふ》または鏃《やじり》に類似した道具）はヒスイを彫ったもので、高さ二三センチ、幅八センチ、奥行き五センチほどのものである。セルトの前面は、呪術と薬の神、イツァムナを表わしている。背面の形状はペニスに似て、三カ所に二重穴があり、血を溜める儀礼に使われていたことを暗示する。マヤ族のあいだに広がっていた各種儀礼において、王は、神々に血を捧げて見返りを求めるならわしがあった。見返りは農作物に欠かせない雨である。したがって、民の生存がこれにかかっていたわけだ。イツァムナ・トゥン自体には実用的な機能はなく、純儀礼的な品だった。それは、ピラミッド神殿「奥の間」の祭壇に常に安置された。ひとり、王だけがこの暗い部屋に入ることができたという。

どのマヤ王国にも固有のセルトがあり、民族の魂がこめられた、聖なるものと見られていた。「トゥン」という語には、「石」と「一年の終り」の両方の意味があり、マヤ族のどの王も翌年の降雨を確実なものにするために、一年の終りにイツァムナ神に対して同じ儀礼を行なうならわしがあった。王は数日間禁欲をしてから、ブルセラ（橄欖《かんらん》）の木から採った黄色の乾燥樹脂、コーパルを熱し、そこからでてくる濃い煙を吸入する。そして、自分のペニスを儀礼用の刃で傷つけ、サボテンで作った紙の小器に血を集める。血の半分はセルトの上に慎重にかけ、残りの血はイツァムナへの捧げものとして燃やされた。

このようなセルトの歴史に照らせば、イツァムナ・トゥンに血が残留しているかどうかを調べる必要が生じてくることは言うまでもない。血が存在すれば、その一部を炭素測定にかけられる。そして、血の年代の古さが証明されれば、セルトの古さもまた証明されることになる。

私はセルトの表面に、いくつもの茶色の筋を発見していた。それは石目の間、彫られた眼底、口の内部、背に沿う小穴のなかに見られた。セルトの右眼から採取した残留物を検査にかけた。光学顕微鏡検査によって、ざらざらした結晶質の外観が明らかになった。また、残留物は、王たちが血を注ぐ儀礼の際に使ったのと同じ、十字の形に配置されていることが分かった。サンタ・ロサ病院と、サン・アントニオの医科学研究室におけるさらなる検査によって、これらの黒ずんだ残留物は明らかに血であり、古い時代のものであること、人間の血であることが証明された。

次なるステップは、これらのサンプルを炭素測定にかけ、その正確な年代を割り出すことにある。一九九一年、私はイツァムナ・トゥンをアリゾナ大学の炭素測定施設に持ち込んだ。そこで、職員の一人、ティモシー・ジュル博士に出会った。偶然なことに、彼は一九八八年に実施されたトリノ聖骸布炭素測定のチームメンバーであった。ところが、ジュル博士の検査は奇妙な結果に終ったのだ。でてきた炭素の年齢は一五三五年（±二五〇年）で、器物はAD二四〇年から六九〇年のあいだのものと結論づけられたのである。

これらの結果は、器物は古代のものであり、贋作ではないという私自身の結論を裏づけ、したがって、ニューヨークの鑑定家たちの誤りを証明するものではあった。だが、その一方で、年代は私が予想したよりも、はるかに新しいものだった。イツァムナ・トゥンに見る芸術の様式は、さらに数世紀は古いものなのだ。

この奇現象への答えは、アリゾナで検査されたサンプルの組成にあると思われた。血以外の何かが混入し、鑑定の年代を変えてしまったのだ。その「何か」が、私がすでに顕微鏡鑑定で検出していた、細菌が合成する「バイオプラスチック膜」だったのである。

のちに、トリノ聖骸布のことを考えたときに真っ先に浮かんできたのが、このバイオプラスチック膜の存在だったのだ。

第3章　聖骸布に手が加えられたかどうか

私がトリノ聖骸布の調査に乗り出したのは、西コネチカット州立大学化学教授のアラン・アドラー博士との出会いがきっかけだった。

一九八七年五月、「古器物の起源に関する科学的考察」と題するシンポジウムをサン・アントニオにおいて主催したが、それ以前から、アドラーと仕事を共にしたジョン・ヘラーの『トリノ聖骸布に関する報告』を読んでいた。本に紹介されている写真類を注意深く検査してみると、写真のなかに例の皮膜が現われているのに気づいた。そこで、バイオプラスチック膜に関する私の発見に、アドラーがどのような反応を見せるのか、知りたくなったのである。

私は、トリノ聖骸布について行なった研究を発表してもらうため、博士をシンポジウムに招待した。炭素検査法が実施される一年前のことである。アドラー自身はＳＴＵＲＰによるトリノ聖骸布のテストそのものには加わらなかったが、その後ほどなく実施された同グループによる研究には参加していた。ＳＴＵＲＰ研究チームの一員、レイ・ロジャース博士が、聖骸布の各所に貼った粘着テープのいくつかをトリノから持参したのが、その最初であった。聖骸布の表面に何があり、何がこの像をつくり出しているのかを確定することが、ここでの研究テーマであった。

そのテープは、シカゴの顕微鏡学者ウォルター・マックローン博士に渡された。彼の見解によれば、聖骸布の上に現われている模様は絵の具で描いたもので、血のような染みは赤黄土と辰砂《しんしゃ》であった。テープサンプルはまた、アドラー博士とヘラー博士にも渡されたが、二人の見解は、マックローンとは真っ向から対立するものだった。

二人は、聖骸布の染みは変質し、一部壊れている古代の血液であると信じ、（ソレー吸収帯を使い）顕微スペクトル分光測定によって、ヘモグロビンの存在を実証することができたのである。このシンポジウムで、両博士のヘモグロビンの発見とマックローン博士の絵の具説の食い違いについて、私はアドラー博士と長時間討議する機会を持ち、その際、マヤの古器物に付着した血液に関する自分の研究を明らかにした。

一九九三年四月、アドラー博士が、マイラーテープの一片を載せたスライドガラスを送付してきた。テープの下には、一九七八年にロジャース博士が聖骸布の人物の左手の血から採取したという直径〇・一八ミリの「血液」サンプルと、六本の微繊維が保存されていた。アドラーがこの標本をあまり重視していなかったことは明らかだ。スライドは破損していたからである。

だが私にとっては、聖骸布の秘密に迫る、興奮すべき第一歩となった。

私は、繊維を光学顕微鏡で検査し、『トリノ聖骸布のバイオプラスチック膜――予備的報告書』と題するレポートで、その写真類を公表した。サンプルの分析は、血そのものが完全にカビと細菌に置き換わっていることを示していた。PCRテストも否定的な結果に終わった。かりに人間のDNAがかつてそこに付着したことがあったとしても、その痕跡はまったく残っていなかったのである。

私はマヤの石に熱中していたので、一九八八年に炭素年代測定の結果を最初に聞いたときにも、ほとんどそれを気にかけずにいた。だが、発見については確かに聞き、記憶にも残っていた。そのため、バイオプラスチック膜がひき起こしたと思われるイツァムナ・トゥンの年代の誤差が、トリノ聖骸布にも当てはまるのではないかとの考えが浮上してきたのである。いずれも、同じ原因によるものではないのか。

この仮説をテストするには、トリノに行き、聖骸布のサンプルを調べるしかない。私は、トリノに関係を持つ人物から助言を得ることに決め、メキシコシティーの旧友、ホセ・ルイス・ゲレロ神父にすぐに電話を入れた。神父は、ファン・ディエゴの外套に超自然的に現われた「ガダルーペの聖母像」に関する素晴らしい本を書いた人である。私は神父にトリノへの同行を求めた。

残念なことに、神父はガダルーペの聖母のことで多忙を極め、同行はできなかった。そのかわり、メキシコ・シンドノロジーセンター指導司祭、ファウスティノ・セルバンテス・イバロラ神父と接触をはかるよう助言してくれた。ちょうど、セルバンテス神父の叙階五〇周年に当たっていたため、私の要請は、神父にとって神の摂理のように思えたようだ。彼は同行することをすすんで受け入れ、トリノ大司教のジョバンニ・サルダリニに宛てて、イタリア語でファクスを送ってくれた。サルダリニ枢機卿は、一九九〇年に、バレストゥレロ枢機卿の後任とされた人物である。セルバンテス神父は、私が炭素年代測定の問題を解決できるかもしれないと書き送り、聖骸布に近づいて調査できるよう要請してくれた。

一九九三年四月二十六日、ファクスは送信された。イタリアからは何の返答も来なかったが、これ以上遅らせることもできなかった。私たちはトリノへの旅を決行した。信仰を逸脱する行為ではあったが、炭素年代測定の問題を、極めて合理的に解決できるはずである。

実は、サルダリニ枢機卿に代わり、ドン・ジョゼッペ・ジベルティが聖骸布の調査を認めない趣旨の返信を出していたのだが、私たちはそれを知らなかったのである。ファクスは四月三十日に、誤った番号でメキシコシティーに送られていたため、セルバンテス神父の手に渡らなかった。それを知ったのは、帰国してからだった。

五月十五日、土曜の朝。セルバンテス神父と私、そして息子のレオンシオは、ニュージャージー州ネワークからミラノへ飛び立ち、日曜日にイタリアの地に着いた。トリノまでの列車の切符を買っている間に、祈祷書や身の回り品の入ったセルバンテス神父のスーツケースが盗まれた。私たちの荷物は息子が番をしていた。ニコン製の顕微鏡、ニコン製のデジタルカメラ、顕微鏡サンプルに光を当てる光ファイバー照明を含む荷物は、幸いにも盗難を免れた。

トリノに着き、ルイジ・ゴネラ教授に電話を入れた。STURPによる検査と炭素年代測定にあたって、バレストゥレロ枢機卿の科学顧問に抜擢された人である。彼とは、サレジオ教会で行なわれる午後のミサに出席した後で会うことになった。教会の司祭はゴネラとの会談用に一部屋を提供するとともに、セルバンテス神父による夜のミサも認めてくれた。

ゴネラとの最初の会談は、スムースに運ばなかった。終始無言のこの教授は、パイプを吹かすばかりで、バイオプラスチック膜に関する私の理論にまったく無頓着のように見えた。実際、完全に疑っていたのである。彼はこう主張した。

「不合理な話だ。そのような膜があれば、聖骸布の重量は二倍になってしまう。だが、そのような事実はないのだよ」

私は答えた。

「しかし、二〇〇〇年前の聖骸布の重量が分からないわけですから、それが増えていないとは言えないのではありませんか」

マヤのヒスイ研究の際に撮影した写真と共に、STURPが公開した聖骸布の写真を見せた。いずれも、皮膜の存在を示すものである。私は、古代マヤの古器物に現存するのと同じ皮膜が、聖骸布にも存在する可能性が高いことを彼に説明した。

私が求めたのは、聖骸布の繊維を実地に調べるだけであり、いかなる物も持ち出すことを求めなかった。求めたのは、光学顕微鏡の下で繊維を検査することだけだ。

ゴネラは無表情に言った。

「聖骸布をケースから取り出す許可を得るのは不可能だろう」

だが、それから二時間にわたる話し合いで、ヒスイについての研究とバイオプラスチック膜がつくり出す効果を詳細に説明すると、ゴネラは態度をやや軟化させ、サルダリニ枢機卿に報告し、結果を知らせると約束した。

＊

一九八八年、聖骸布のサンプルが、年代決定のため、各炭素研究所の間で分けられた。布の切断は微量分析学の権威、ジョバンニ・リッジ・デ・ヌマナ教授が行なった。彼はトリノ在住で、ルイジ・ゴネラとバレストゥレロ枢機卿の両方と親密な関係にあった。さらにサンプルは、トリノ理科大学のフランコ・A・テストーレ教授によって計量された。サンプルの縁から三つの小片が切り取られたが、ゴネラの説明によると、それはのちの「真面目な」科学分析のために取っておくよう、バレストゥレロ枢機卿が、彼とリッジに委ねたものだという。ゴネラは、私の科学者としての資格と、試す価値のある仮説を持っていることを認めたのだろう、リッジに私の研究結果について話したようだ。リッジはすぐさま私たちのホテルを訪ねてきた。

私たちはリッジの熱心さに驚かされた。彼は晩の九時にホテルにやってきたが、セルバンテス神父がスペイン語からイタリア語に通訳するかたちで、夜中の二時まで熱心に話し合った。初めは言葉のピンポンゲームのような遅々とした会談だったが、何時間か熱心に質問し続けた後で、リッジは、私の仮説が調べるに値するものであると確信し、週末に彼を訪問するよう求めてきた。

とはいえ、私たちには、枢機卿の説得工作がまだ残されていた。そこで翌日、枢機卿を訪ねてみた。だが、彼は私たちに会おうとはせず、代わりに秘書のドン・ルチアーノ・モレロを応対させた。彼は親しげに英語で話しかけてきたが、まもなく、話は一本の電話に遮られた。イタリア語で話しながら、電話の相手に彼はこう返事をした。

「はい、あと五分で終らせます」

私たちはその瞬間までは期待を懐いていたのだが、すぐさま事情を呑み込んだ。電話を切るや否や、聖骸布の調査を拒否されたのである。

枢機卿のオフィスは聖ヨハネ大聖堂の近くにあった。意気消沈した私たちは、聖骸布を保管している大聖堂を訪れることにした。

このカテドラルは大聖堂という名のわりには大きくはなく、照明も不十分だが、平和な気持ちにさせてくれる場所だ。中心となる祭壇の背後に、きれいなプレクシガラス製の耐火防弾箱が置かれ、聖骸布はこのなかに納められている。一九九七年四月十一日、聖骸布を火事から救おうと、消防士のマリオ・トレマトーレが壊した、あの有名な箱だ。祭壇の片側には、等身大の聖骸布のカラー映像が展示されていた。その種のものを見るのは初めてだったが、非常な感動を覚えた。

翌日の昼食後に、ジョバンニ・リッジの家を訪れた。私は、彼の情熱が失せてはいないかと、内心穏やかではなかった。書斎に入ると、いくつかの包みを見た。それは、彼が銀行の貸し金庫に預けていたものだ。そのひとつに、聖骸布の端から切り取った三つの小片を含む、ペトリ皿が入っているとの説明を受けた。彼の語っていた、一九八八年の検査の際に採取されたサンプルである。

ペトリ皿は糸で巻かれたマニラ麻の封筒に納められ、この糸の上から、ルイジ・ゴネラとジョバンニ・リッジによる認印が押されていた。リッジが封を解くあいだ、私はカメラで写真を撮り続けた。自分が調べようとしているサンプルの真実性を、記録に取る必要があると感じたからだ。覆いを取ると、リッジは、私たちの研究用に、布の三つの断片を取り出した。断片（A、B、C）は、炭素年代測定で使われた布の部分と正確に符合する。素材も同一のものであることは間違いない。

炭素測定による年代決定の際に、テストーレとリッジは、縁の部分が汚れているかもしれないと考えたようだ。縁をカットした理由はここにある。これらカット部分の各重量は、一九八九年九月、フランスの研究グループ、CIELT（トリノ聖骸布国際研究センター）がパリで行なったシンポジウムの際に、テストーレ博士が報告している。私たちは、顕微鏡を通して、二〇〇枚を超えるこれらサンプルの写真を撮影した。

サンプルを目にしたとき、私は自分のしようとしていることに大きな責任を実感し、極度の不安に襲われた。大学での実験を思い起こし、サンプルを見ながら内心震えを感じていた。自分が、バイオプラスチック膜に類する異物を次の数分間で発見することになれば、一九八八年に行なわれた炭素年代測定の誤りを証明することになる。サン・アントニオから運んできた機材はすべて手元にあった。

布の切れ端とは別に、リッジは、聖骸布像の後頭部から採取された血液サンプルの付着する粘着テープを所持していた。テープのいくつかには、血球に似たものが付着しているのが認められた。これらは血のついた繊維であり、残りはただの像の繊維で、血痕は認められなかった。

彼はまた、聖骸布から吸引した塵も、いくつかの箱に納めていた。塵を吸引する際には法医学研究所の専用の機材が使われたが、それでも不純物が混入している恐れがある。そのような分析には時間を取られたくなかった。この種の不純物の混入は、過去数世紀のあいだに、いつでも起こり得たからである。

とはいえ、私たちは、埃の顕微鏡分析から開始することにした。亜麻糸の顕微鏡検査を行なって、そこにバイオプラスチック膜を発見したときにこそ、決定的な瞬間が訪れる。

リッジが布の切れ端から一本の糸を引き抜いた。それを顕微鏡の下に置くのにも、私はかなり神経質になっていた。だが、いらだちはすぐに収まった。繊維の上にバイオプラスチック膜を発見したのだ。すぐに顕微鏡カメラで写真を撮り、セルバンテス神父とリッジに向かって叫んだ。「見つかりました！　サンプルにバイオプラスチック膜が見えます！」

初心者でも、糸の繊維がバイオプラスチック膜で完璧に覆われているのを確かめることができる。そこにはカビも認められた。これらは炭素年代測定に干渉する要因となる。私たちはかわるがわる繊維を観察したが、皮膜そのものが見事な美観を呈していることに、全員が驚かされた。まさに信じがたい瞬間である。

テープで採取された聖骸布後頭部の繊維を観察すると、サイズが一様ではないことが判明した。さらに私たちは、繊維自体の重さとバイオプラスチック膜の分量によって、繊維が一〇ミクロンから三〇ミクロンまで、いろいろになっていることを確認した。繊維そのものより厚い皮膜がかかっているものさえ少なくない。

その種の繊維が像をつくり出していることを確かめるのに、時間はかからなかった。顕微鏡の下で後方から光を通すと、固く見える部分は、淡い藤色から紅色に映じていた。さらに倍率を高めると、そこに特殊な物質が含まれていることが確認できた。顕微鏡の下で古代の血液がどのように映るかを知っていた私は、それを血と判定した。

セルバンテス神父は喜びのあまり、子供のように泣いた。繊維を観察していたリッジは、また違った喜びの反応を示した。発見を祝うために、とっておきの古いブランデーを持ち出して

イツァムナ・トゥンに
沈着した古代の血。

セルバンテス神父（右）と
リッジ教授

聖骸布サンプルを収めた
ペトリ皿を開封するリッジ

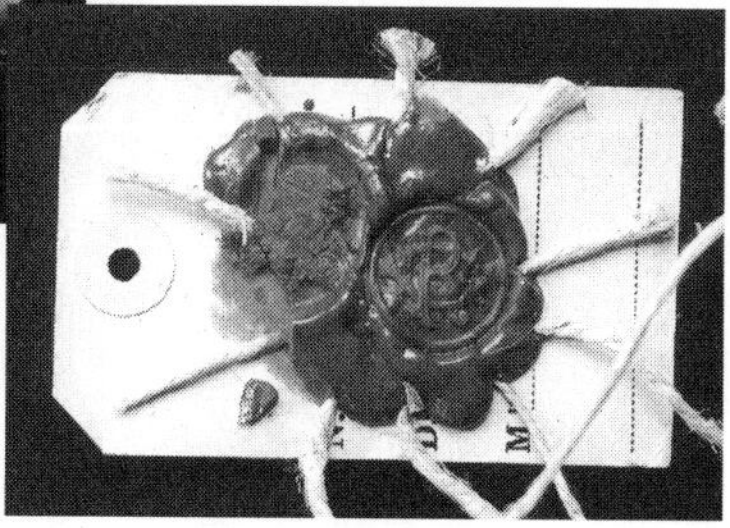

蜜蝋で封印された聖骸布の紐。
リッジとゴネラの認印が
押されている

きたのだ。彼もまた、自分が皮膜を見たことを確信したのだ。興奮した私たちは発見を祝い、その意義について一晩じゅう熱心に話を交わした。

次の段階は、さらなる分析のため、これらのサンプルをテキサス州サン・アントニオに持ち帰る許可をもらうことである。糸を何本か持ち帰りたいと言うと、リッジはすぐに承諾してくれた。リッジとしては寛大な処置である。サンプルの管理責任者である彼が、全面的に私を信頼してくれたのだ。彼は見返りを何一つ求めなかった。サンプルを誠実に、しかも徹底的に調べることが、せめてもの返礼である。

リッジは布の断片を三つ管理していた。私のために糸を切ってくれたとき、「カチッ」という音がした。私は、布以外の物質の存在を暗示するこの音に、非常に驚かされた。自分でも上質の鋏で布を切断してみたが、あたかも、プラスチックの釣り糸か、細い銅線の束を切断しているような感触を覚えた。普通の亜麻布の糸を切断するのとは、まったく異なる感触である。

リッジはまた、一九八八年に聖骸布の後頭部から採取した粘着テープのひとつをくれた。私は感動に浸っていた。この歓びを分かっていただけるだろうか。ついに、聖骸布のサンプルを手にできたのである。

第4章　聖骸布ローマ会議

発見が相次ぐごとにますます力を得て、私は、すっかりこの波に呑まれていた。だが、新たなる発見の波に勇気づけられる一方、興奮のあまり、最善とはいえない選択をすることになってしまったのだ。

フランスの研究グループ、トリノ聖骸布国際研究センター（CIELT）が、一九九三年六月九日にローマで開催した科学シンポジウムに、私は行くべきではなかったのかもしれない。相談を持ちかけてきたセルバンテス神父から、このシンポジウムについての話を聞かされたとき、自分の仮説がすでに注目を集めていたことにすっかり舞い上がり、論文「生物形成膜とトリノ聖骸布」を公開することで、各国の代表者に自分の考えをアピールできると考えたのだ。

この決断をした時点で、会議はほんの一ヵ月先に迫っていた。私はすぐにシンポジウムの主催者と何度か電話で連絡をとり、論文の発表を打診した。電話で話を重ねるなか、論文を受け付けるには遅すぎると難色を示され、また論文そのものにもまったく興味を抱かれていないことが分かってきた。さらに言葉の壁が立ちはだかり、話は一向に進まない。私はフランス語を話せないので、議論は通訳を介してしなければならなかった。彼らはフランス語の科学参考書にあたりもせずに、私の「カビ」という言葉を「きのこ」と取り違え、細菌と黒色菌の繁殖についていくら説明してみても、「シャピニョー」（きのこ）を連発するだけだった。それでも、最後には前向きに考えるようになり、まもなく私は論文の摘要を求められ、その発表に十五分間与えるとの手紙を受け取った。

ふたたび、セルバンテス神父が旅の道連れになってくれた。私たちはローマへ飛び、それから郊外へと車を走らせた。シンポジウムは、かつて女子修道院だったドムス・マリエで開かれることになっていた。言うまでもないことだが、修道院には、世界に通用するホテルのような設備はない。それでも、自分にあてがわれた部屋が畳二畳に満たない広さであることを知ったときには、少なからず驚かされた。その上、部屋の温度は四〇度近かったのだ。会議場も同じほどに窮屈だ。だが、一番こたえたのは朝食である。パン一切れとコーヒー一杯しかでなかったのである。これでは、尼僧たちが早く天国に召されても無理はない。

論文に耳を傾け、他の人たちに話しかけてみて、私はこの会議に科学者といえる人間がほとんど出席していないことを知り、愕然《がくぜん》とした。ほとんどの人は基礎的な研究手法さえ知らず、現在進められている聖骸布の研究についても、まるで知識がなかったのである。新発見を披露するのに相応しい場所ではない、私はそう感じ始めていた。

予想通り、会議はうまく運ばなかった。論文を発表しても、私の話についてこられる出席者はいなかった。そのうえ彼らはきわめて懐疑的で、聖骸布に浮き出している像が、有機プラスチックの比較的厚い覆いから生じているのだと説明したときには、猜疑心は最高潮に達した。この話をした途端、私は聴衆全員を失なった気にさえなったほどである。

講演後に、細菌の層が聖骸布の像を生じさせている可能性を信じるかどうか、一人ひとりに尋ねてみた。ただ一人を除いて、それはあり得ないと全員が断定した。可能性を信じたのは、アメリカ聖骸布ギルドの代表者、フレッド・ブリンクマン神父ただ一人である。

説明のつかない何かの奇跡によって、このような像が浮き出しているのであって、バクテリアがそれをつくるなどあり得ないというのが、大方の意見であった。だが、メカニズムを知ってさえいれば、驚異的な出来事は奇跡と同じ意味を持つというのが、私の持論である。聖骸布の上に現われている像についていえば、細菌がこの奇跡の媒介になったのだ。

ＣＩＥＬＴの職員の何人かは、「シャピニョー」が炭素測定を不正確にしているのなら、聖骸布をもう一度測定にかけて、年代測定をやり直す必要があるのではないか、と言ってきた。

ことはそれほど簡単ではない、と私は話した。たとえ同じサンプルを使って測定を繰り返したとしても、でてくる結果は一九八八年に得られた年代より、もっと新しいものになる。細菌は今も健在であり、その後も堆積物の生産を続けているからだ。だが、いくら説明しても分かってもらえないため、私は口を閉ざした。自分の報告を伝えるという、ローマ訪問の当初の目的は達した。少なくとも、後の人々がこれに着目してくれることだろう。

とはいえ、仕事面でのローマ行きは失望に満ちたものだったが、旅の楽しみは満喫できた。素晴らしい食事を味わい、一九四〇年代に神学を学びに来て以来というセルバンテス神父と、旅の喜びを分かち合った。会議を終えてから、私たちはシスティーナ礼拝堂へ行き、さらにローマ市内の観光を楽しんだ。セルバンテス神父は七〇歳を超えるにもかかわらず、私より元気に動き回った。まる四時間ローマ市内を歩き回ってから、神父はこう言われた。「夢を見ているのかもしれません。頬をつねってくれませんか」。晩には、ドムス・マリエの酒蔵で、ともにスコッチのオンザロックを楽しんだ。

ローマ最後の日は、けっして忘れることができない。ナボーナ広場のレストランで夕食をとっていると、マンドリン奏者とアコーディオン弾きがそばで曲を奏でてくれた。曲は「アリベデルチ・ローマ」であった。セルバンテス神父の両頬から、涙が伝い落ちた。

私の聖骸布研究は、すべてセルバンテス神父のお陰である。彼がゴネラとリッジに話を持ちかけてくれなければ、この研究に着手することはなかった。私がリッジに提供した調査報告をイタリア語に翻訳してくれたのも、神父である。それは、彼の記録保管所に今もある。私がこの本を彼に捧げたのも、このためである。一九九五年一月二十日、神父は帰天した。

第5章　細菌は不滅だった

私は、ローマでの苦い体験に挫かれはしなかった。サン・アントニオに戻り、リッジから手渡された聖骸布サンプルを、電子顕微鏡（SEM、後方散乱素粒子電子顕微鏡）検査に回すため、シアトルのワシントン大学に一部を送り、糸の切片は、赤外線吸収顕微鏡を扱う研究グループ（FTIR）のある、サウスウエスト研究所科学部に持ち込んだ。

自分の研究のほとんどは、私設研究所と、八年以上研究を共にしてきた職員たちのいる、サン・アントニオのサンタ・ロサ病院微生物学研究所で行なった。微生物学技術者のアドルフォス・スミスと、微生物学研究所所長のビッキー・フィツヒューは、特に重要な役を果たしてくれた。また、ドイツ・DSMZ研究所のブライアン・ティンダルと、ミュンヘン工科大学のカール・シュライフェルからも支援を仰いだ。

自宅では光学顕微鏡を使い、リッジから得たサンプルの研究にあたった。低い倍率でさえ、糸が驚くべき光沢を備えていることが確認できる。これは、一九七三年に聖骸布を検査した際に、イアン・ウィルソンが語った次の言葉を暗示するものだ。

「亜麻布は長い年月のうちに象牙色に変化していたが、なお驚くばかりのきれいな外観を備え、ダマスク織のごとき表面の光沢さえ見せていた」

倍率を八〇倍にするとその理由が確認できた。繊維は、幾百万とも知れぬ細菌と暗褐色のカビからなる、黄色のバイオプラスチック膜に包まれていたのである。さらに倍率を高め、繊維細胞からなる網の目状の細菌とカビを確認した。電子顕微鏡スキャンでは、繊維が、完璧なまでにバイオプラスチック膜（ポリハイドロキシアルカネート）と、普通この上に繁殖してくる多くのカビの集落に覆われていることを知った。繊維のなかには、先端部分が細菌の生産するピンク色素に染まっているものもあった。

聖骸布後頭部からテープで採取された繊維を検査する。血痕と厚い黄金色の物質の皮膜を持つように見える繊維もあり、青緑色の細菌と、多くの暗褐色のカビが認められた。同一箇所から採取された繊維のなかには像繊維（聖骸布像の部分の繊維）もあったが、そこには血はなく、色も黄色で、非像繊維よりも、ずっと厚い皮膜に覆われていた。

非像サンプルの縁部分から採取された糸の繊維は、淡い黄色で、皮膜は他の部分よりも薄いことが確かめられた。ここにはカビも見ることができた。紫外線を照射すると、繊維は強烈な黄緑の蛍光色を放った。

像繊維と非像繊維を、交叉偏光レンズを装備した偏光顕微鏡で観察すると、方解石、石英、酸化鉄、酸化マンガンからなる鉱物結晶の集合を見ることができた。これはいずれの繊維にも認められたが、像繊維の方が多かった。ポール・ビアマン博士がワシントン大学施設で行なったテストによれば、その組成は古代の遺物に付着している「砂漠ニス」に類似している。

バイオプラスチック膜は、場所によってマンガンに富むところもあれば、鉄を多く含む部分、カルシウムをふんだんに含有する部分もあった。後方散乱光を使っての電子顕微鏡検査によって、この種のミネラルの堆積物が明らかになったが、これによって、細菌の生産する皮膜が、ミネラルと有機物の両方からなるとの結論を得た。

特に興味深かったのが鉄の存在だ。一九七八年に実施された聖骸布検査での、マックローン博士の発見を裏付けることになったからである。鉄分の存在に関する私の説明は、博士とはまったく異なるのだが、それについては後述しよう。

繊維のいくつかはスライドの上に置かれて、スペクトル分析のため、赤外線顕微鏡検査が行なわれた。この際にも、光学顕微鏡のときと同様、バイオプラスチック膜の有機的組成がすぐに明らかになった。だが、聖骸布から得られた分光グラフと、私がマヤの古器物とメキシコ、ミチョアカン、アパツィンガン出土の土器から得たそれとの比較には、特に興味深いものがあった。三つは似てはいたものの、対照として使われる純粋な繊維サンプルのスペクトルと比較してみると、明らかな違いが認められたのである。これは、非常に重要なことである。炭素年代測定に使われたサンプルが純粋な繊維であったとすれば、スペクトルも同じでなければならない。だが、そうでないということは、一九七八年に使われたサンプルの繊維のなかに、余分な有機物、言い換えれば、バイオプラスチック膜が含まれていたことの、決定的な証拠になるからである。

この調査で興味深かったのは、一二種類の培地を使うことによって、トリノ聖骸布から採取されたサンプルから、細菌とカビを繁殖させることができたことである。これまでに私たちは、三種類の細菌と四種類のカビを分離させることに成功している。なかでも特に重要な種類がピンクの色素を生産する細菌で、私はこれを「レオバチルス・ルブルス（属不明、種不明）」と命名している。目下のところ、このバクテリアは聖骸布にしか発見されていないもので、各種の異質な条件の下でも生存が可能である。レオバチルス・ルブルスは、二酸化炭素の量を一〇パーセント増やすと、急速に成長する。

二酸化炭素の量が増すにつれ、レオバチルス・ルブルスの生産するピンク色素の量も増すという事実は、一九三一年にドン・アントニオ・トネリが報告した現象を説明するものだ。その年の五月三日に展示された聖骸布を見て、彼は血のような染みが赤橙色を呈していると報告したが、三週間後にふたたび観察したときには、血痕の色は赤紫色に変化していた。六七年経った今、私たちは、この色の変化の謎を知るにいたった。聖骸布を見物しようと集まった群集の呼吸によって二酸化炭素の量が増大し、それとともに細菌が急激に繁殖したために、このよう

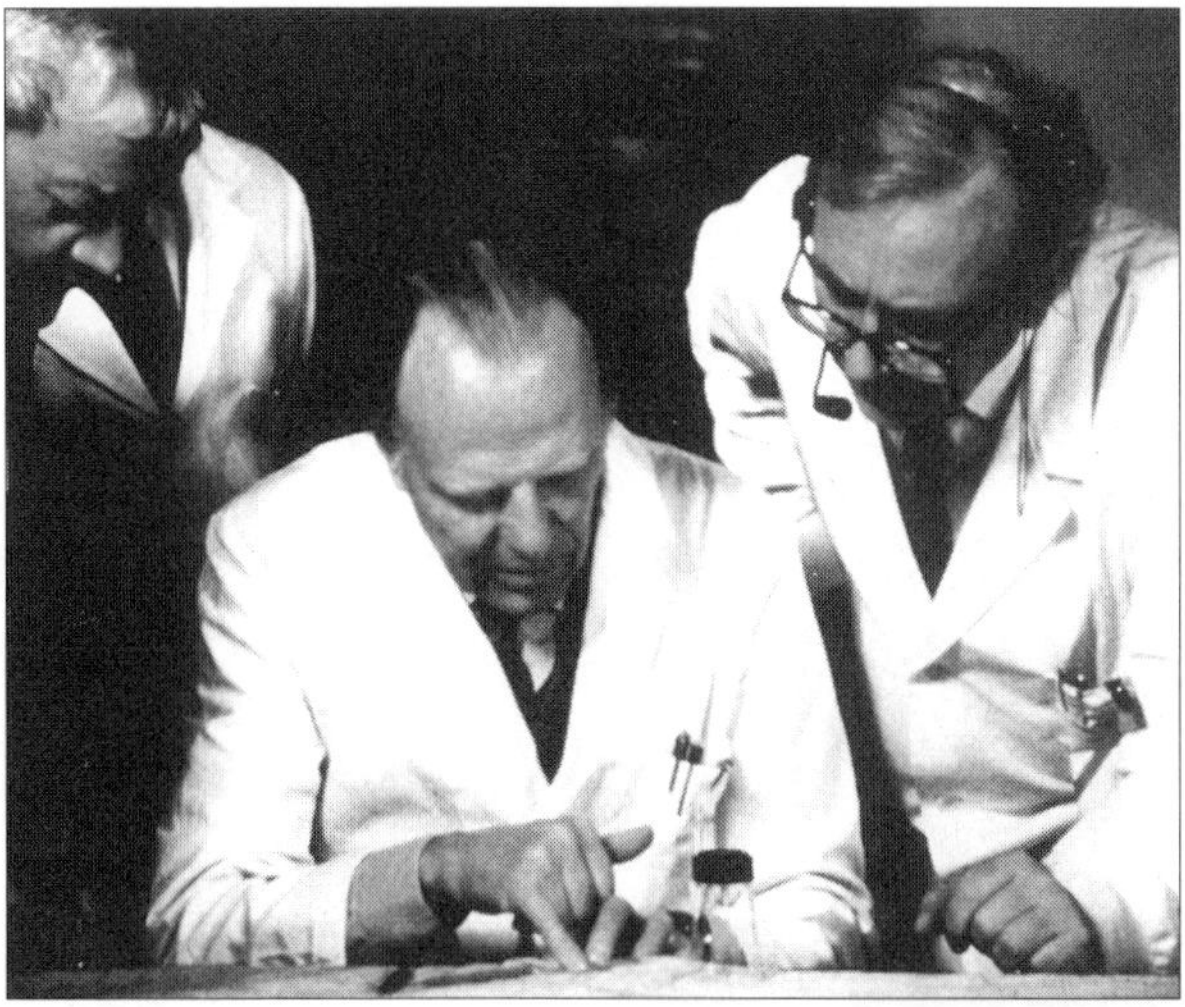

1988年４月21日、
サンプルを採取する
テストーレ教授（左）

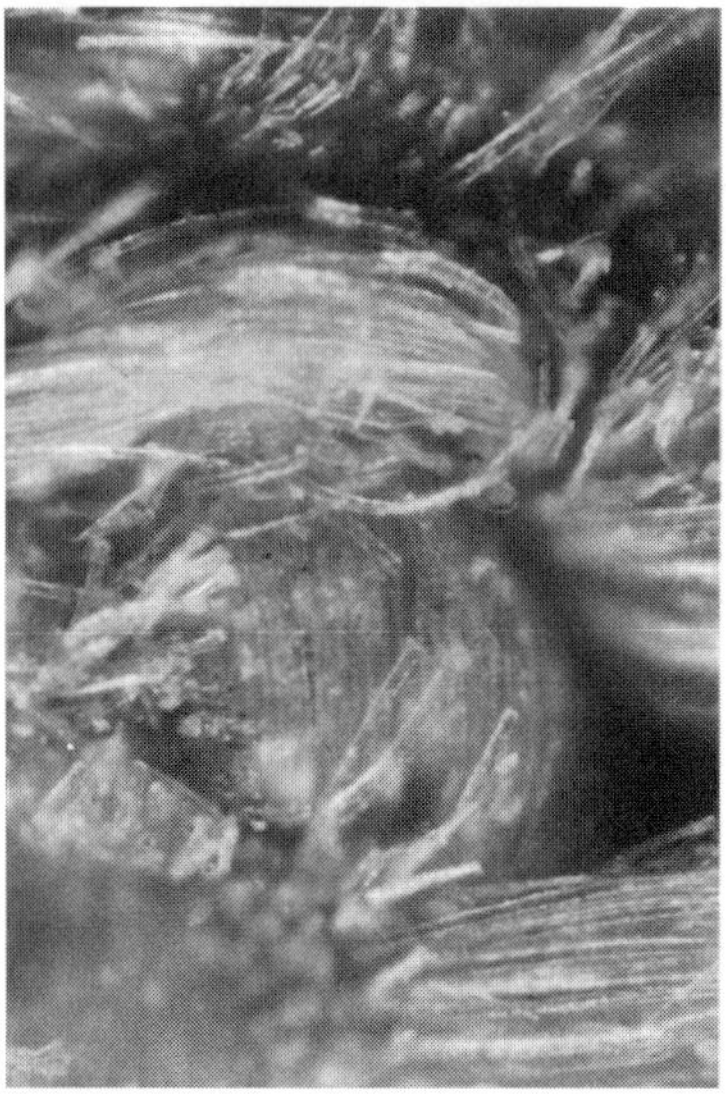

聖骸布サンプルの顕微鏡写真。
天然プラスチック加工された
組織が認められる

な色彩の変化が生じたのである。

私たちはまた、培養実験を通して、聖骸布が正常な状態、すなわち巻かれてケースに保存されている状態では、細菌はごくゆっくりとしか成長しないため、色素の生産にも長い時間がかかることを発見した。

いずれにせよ、細菌の繁殖が確認できたこと自体、興奮すべき発見であった。炭素年代測定と、密接にからんでくるからである。培養がまったくできないというのなら、聖骸布の表面は完全にシロである。だが、聖骸布から採取した細菌とカビは特定の条件下で、よく繁殖することが確かめられた。例えば、聖骸布の糸の切れ端をサブロー寒天皿のなかで培養し、四カ月後に検査すると、細菌の活動によって、バイオプラスチック膜は目に見えて増加していることが分かる。このことは、細菌が今も生き、成長しつつあること、日々新しい放射性炭素をつくり出していることを物語っているのである。

つまり、炭素研究所が検出したのは、本来の布の炭素と、細菌が生産するバイオプラスチック膜からでてくる新しい炭素との両方だったことになる。これが、聖骸布の年代が中世とされた理由なのだ。

私は以前、CIELTの職員に対して、炭素年代測定を前と同様な条件下で行なえば、でてくる年代はもっと新しくなると言った。その理由はここにある。年月とともに細菌は増えるため、年代の決定はいっそう歪《ゆが》められてしまうのである。

聖骸布非像繊維の
電子顕微鏡スキャン。
アクリル・ポリマーの
皮膜が観察できる

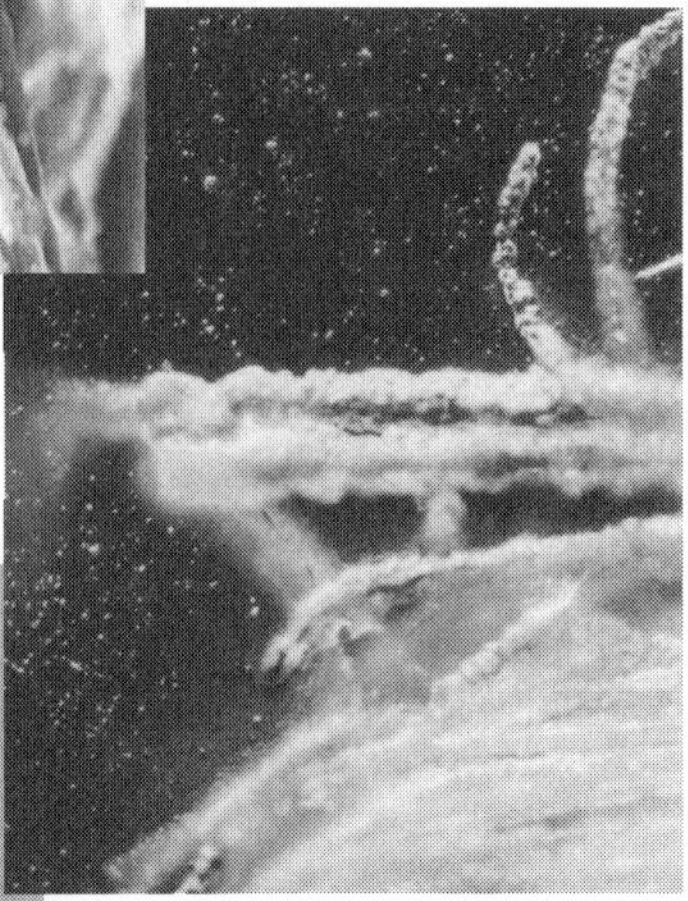

ブドウ糖培地で4週間培養した
糸の顕微鏡写真。
バイオプラスチック膜が増えている

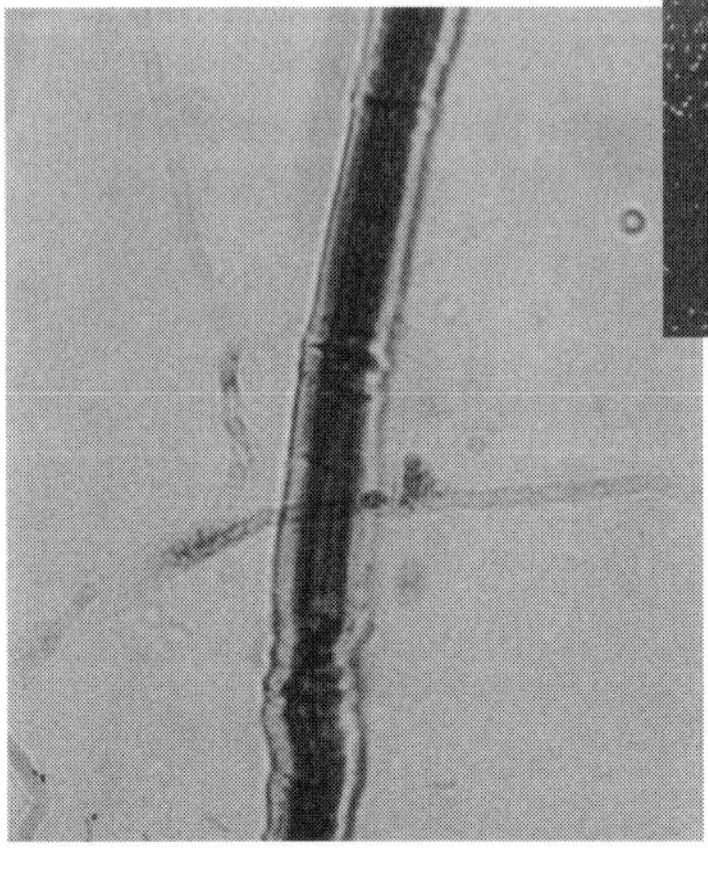

聖骸布繊維の顕微鏡写真。
中央が亜麻の本体。
その周囲をバイオプラスチック膜が
覆っている。

トリノから帰ってきてまもなく、私はひとつの発見をした。サンタ・ロサ病院組織学研究室で、後頭部の「血痕」部分から採取された繊維をライト染料で染めた際、編み物のような構造が現われてきたのである。極細のラクダの毛糸で作った髪留めの繊維ではなかろうか、と最初は考えた。だが、その二年後に、偶然にも細菌学の本で同じ構造を目にし、その考えの誤りを知った。編み物状の構造は人為的なものではなかった。クレストテシウム、すなわち生殖段階で形成される、アスペルギルス属のカビの構造だったのだ。このカビは、古代の木に繁殖するものである。

これらの発見にすっかり興奮した私は、一九九三年十二月、『トリノ聖骸布を覆うバイオプラスチック膜——予備的報告書』としてすべてを書き上げた。フレッド・ブリンクマン神父を介して、教皇ヨハネ・パウロII世の正確な住所を入手し、速達でこの論文を教皇とブリンクマン神父に発送した。神父は十二月二十四日に受け取り、これは彼へのクリスマスプレゼントとなった。教皇も受け取られたことは明らかである。翌年、モンシニョール・L・サンドリから次のような書簡を受け取ったからだ。

「教皇ヨハネ・パウロII世は、あなたのご書簡と郵便物をお受け取りになり、これを受諾したことをあなたに伝えるよう、私に依頼されました。教皇様は、聖骸布についての研究資料をお送り下さったあなたのお気持ちに、深く感謝されています。そして、あなたのことを祈りのうちに覚え、神の豊かなみ恵みを祈っておられます」

五年後の一九九八年六月二十九日、自分がバチカンで個人的に教皇と接見し、自らトリノ聖骸布に関する最終原稿『The DNA of God ?』を手渡すことになるとは、そのときには予想もしなかった。

私はまた、三冊の原稿の写しをリッジに送った。ひとつは彼のため、ひとつはルイジ・ゴネラのため、そしてもうひとつはサルダリニ枢機卿に読んでもらうためである。だが、リッジが枢機卿に原稿を送らずにいたことは、かなり後になって知った。

第6章　DNA鑑定とクローニング

聖骸布に血痕が付着しているか否かについては、研究者によって見解がまちまちである。イタリアのバイマ・バロン博士は、粘着テープを使い「血痕」から採取したサンプルを検査した。彼は、間違いなくこれは血液、しかもAB型の血だと報告している。これと逆の立場をとるのがウォルター・マックローン博士で、彼もまた粘着テープを使ったが、血と見えたものは血ではなく、画家が使う赤黄土と辰砂の染料に過ぎないと報じている。いっぽう、マックローンの使ったテープを調べ直したアドラー、ヘラー両博士は、染みはやはり血であったと結論づけた。このように見解が分かれていることを知った今、私は、この問題をさらに調べる決意をした。

アドラー博士から送られてきた、血痕が付着しているはずの左手のサンプルは、最初の検査では満足な結果は得られなかった。かりに、サンプルが採取された一九七八年の段階で血がついていたにしても、細菌とカビに完璧に置き換わっていたのである。光学顕微鏡を使っての検査で結論できたことは、その物質はマックローンが報じたような結晶した染料ではなく、有機物であるということだけだった。

最初の突破口になったのは、ジョバンニ・リッジの好意によりトリノから持ち帰った、後頭部の血のサンプルだった。サンプルを光学顕微鏡で見ると、血液を示すのはごく小さな部分でしかないことを発見した。それ以外は、細菌とカビに覆われていたのである。

私は、サンタ・ロサ病院の病理学者ヴィクトール・サルディバル博士の助言を受け、このサンプルが染色されるのを観察した。ライト染料――この手法では普通に使われている――は、染みが完全にカビに置き換わっていることを示していた。さらに、「マロリー青」を使い、残る部分の鉄を染めた結果、血痕部分全体のうち血を示しているのは五パーセントだけで、残る九五パーセントは細菌とカビに置き換わっていることが判明した。とはいえ、この検査により、ごく微量ではあっても、サンプルに人間の血が付着していることが確かめられた。

さらに、私たちは免疫組織化学検査を実施し、聖骸布の血がAB型であることを確認した。一般的にいって、世界人口のなかでもAB型の血液は稀（三・二パーセント）なのだが、バビロニア系ユダヤ人になると比率は六倍（一八パーセント）になり、パレスチナ北部のイスラエル人もそうである。彼らは、AB型の比率が一番高い民族なのだ。ABの血液型の発見は、聖骸布の男が二種の細胞系を持つことを暗示するものだが、さらに劇的だったのは、XYという二つの性染色体の発見であった。これについては後述しよう。

ＡＢ型の血液群は、西ヨーロッパとアメリカでは、あまり見られない（私たちには、Ｒｈ因子を検査できるだけの十分な血のサンプルがなかった）。

私たちの発見が、イタリアのバイマ・バロンの主張を支持する結果になったのは興味深いことだ。組織学研究室での検査を担当したサルディバル博士と専門家たちは、自分たちが聖骸布のサンプルを扱っていることを知らされていた。サルディバル博士は冗談を飛ばしたものだ。

「大司教が同席しなくてよかった。スライドに跪けと言われていたかもしれない」

私は、サンプルに残されている血の量が極めて少なかったことを知り、アドラー博士のコメントのいくつかに疑念を抱くようになった。例えば、彼はこのように言っている。

「古代の血痕であれば茶色になるはずの聖骸布の血の色が、驚くほど赤いのは、ビリルビンの値が高いことから起きている。ビリルビンは激しい外傷によって増加する胆汁色素であり、イエスが磔刑前に受けた外傷からも起こり得る」

私の見解は異なる。博士が指摘したのは染み全域の色のことで、実際に血が残っている部分は、肉眼では見えないほど極めて小さかったからだ。像の洋紅色は、表面の細菌が生産した色素の色であろう。確かに、染みは元々の傷から浮き出しているように見えるが、染みに含まれた血そのものは、血を食べて増殖する細菌とカビ、特にカビに置き換わっていたのだ。

ここにいたって、聖骸布と古代の器物両方の微生物学に習熟した私は、これまでとは違う方向からさらに調査を進めることにした。ある大学の微生物学研究室の職員は、サン・アントニオのテキサス大学健康科学センターの微生物学者、ステフェン・マティングリー博士と話してみるよう、私に進言してくれた。

招待に応じた私は彼の研究室に赴き、今後の研究方針について話し合った。私は、聖骸布とマヤの古器物から細菌を分離することに、特に関心を抱いていた。マティングリーは、この微生物学のテーマなら、国立科学財団の助成金を十分に受けられると言った。履歴書を読んだ彼は、私を研究所の微生物学助教授として招聘したいと言い、一九九四年九月、私はこの申し出を受けて、研究所の職員となった。そして、研究所が提供する助成金に一部支えられて、一年間この研究に没頭したのである。

それによって、聖骸布後頭部の血痕に残存していた白血球について、微生物検査とDNA鑑定を行なうという、非常に有益な研究計画に着手することになった。私は、テキサス大学健康科学センター、DNA先端技術センター所長のビクター・トライオン博士に、血の問題で相談に乗ってもらった。このセンターでは、PCR（ポリメレーズ連鎖反応）として知られる技術が、サンプルのDNA構造を解明するのに、普通に使われていた。

トライオン博士には、私たちの使っているサンプルがトリノ聖骸布からのものであることをあらかじめ伝えておいた。その分野の専門家の助言を仰ぐのに、研究目的を隠し続けることは不可能である。だが、トライオン博士の妻、ナンシー・ミッチェル・トライオン――実際にP

CRにサンプルをかけた人だ――はこのサンプルの出所を知らずにいた。

ヒト・ゲノムは、三〇億個の塩基対からなる一〇万個以上の遺伝子を持っている。トライオン博士からは、古代の血からもっとも楽に得られる遺伝子、ベータグロビンをクローニングしてみるよう助言された。私たちは、サンタ・ロサ病院での検査からそこに血が存在することを知ってはいたが、クローニングできないほど血の崩壊が進んでいるのではないかとの懸念もあった。だが幸いにも、私たちの憂いは消え去った。ナンシー・トライオンが、血液サンプルのクローニングと増幅に成功したのである。

粘着テープに付着している、五つの小さなサンプルから取られた血球が使われ、第11染色体のベータグロビン遺伝子節がクローンされた。これによって、聖骸布に古代の血液が付着していたことが、決定的に証明された。むろん、それが誰のものなのか、その人がセム族の血を持つ人間かどうかまでは分からない（この種の調査をするには、一般に微小付随体と呼称されている短いDNA節をクローニングする必要がある）。

また、私たちは、血がどれくらいの古さなのかについても確認できなかった。汚染されている可能性、そして礫刑に処された犠牲者以外の人間の血がたまたま聖骸布にかかり、それがサンプルに取られた可能性もある。だが、第三者というより、聖骸布の人物の血である可能性のほうがはるかに高い。サンプルは、いばらの冠が犠牲者の頭を傷つけたに違いない場所、すなわち後頭部から採取されたからである。

リッジは、トライオン博士の研究所職員の誰とも同じく、このニュースを喜んでくれた。だが、この段階では、私たちが血に関して結論できた唯一のことは、サンプルから発見した少量の血の減成度から、それが古代の血であること、人間か少なくとも霊長類の血であるということで、それ以上のものではなかった。次なる調査の段階は、問題視されかねない証拠調べをすることであった。さらにセンセーションを呼ぶ可能性の高い、もうひとつの段階が続くことになる。

調べを進めるためには、より多くのサンプルが必要である。ふたたび、リッジの協力を求めなければならない。私は、一九九四年六月に主催することになっていた一連の円卓会議の第二回会合に、リッジを招く決意をしていた。研究の進展を楽しみにしていたリッジは、さらなるサンプルの提供を約束した。六月四日に渡米した彼は、一九八八年に聖骸布後頭部から採取したサンプルをトライオン博士に手渡した。検査には数日かかるため、リッジは一度イタリアに帰り、結果を見守ることにした。

個人の性別を確定するためには、男性にだけ陽性反応を見せる、精巣決定因子を捜せばよい。もっとも、それが見つからなかったからといって、サンプルが女性のものであると断定はできない。検査過程でミスが起きた可能性があるからだ。もうひとつの性別決定法は、アメロゲニンXとアメロゲニンY遺伝子のクローニングで、トライオン博士の提案した方法であった。

ここでも、彼の判断の正しさがはっきりした。ＰＣＲ法を使うことによって、アメロゲニン

X遺伝子からアメロゲニンYを、アメロゲニンYからアメロゲニンXを単離することに成功したのだ。その日、私はリッジに国際電話を入れた。イタリアはすでに夜の十一時を回っていた。彼は朦朧《もうろう》としながらも、スペイン語と英語の入り混じった私の話から、聖骸布の血が男性の人間のものであることを私たちが証明したことを理解した。

だが、発見そのものが、いっそう興味をかきたてる性質のものだったのだ。私たちは、「処女降誕」のミステリーを否定する証拠を手にしたのだろうか。聖骸布の人物の場合、Y遺伝子の存在は、その人が通常の男女の交わりによって生まれたことを暗示するものであろうか。私たちの分析は、血液が男性のものであることを示していた。だが、血がナザレのイエスのものであることを証明することはできなかった。それでも、これがイエス・キリストの血ではないと科学的に証明できない限り、私はそれがナザレのイエスの血であるという信念を持ち続けるであろう。

このサンプルが、福音書が処女から降誕したと告げているイエスのものであるとすれば、いったい、Y染色体はどこからきたのであろうか。私たちは、処女懐胎がただの神話にすぎない証拠を手にしたのであろうか。私は、神の化肉の奥義《おうぎ》を信じている。だが、医学でさえ、卵巣に特殊な腫瘍《しゅよう》が存在する場合に、処女懐妊が起こりうることを説明できるのだ。

このような卵巣腫瘍のなかには、「部分的処女生殖」として知られる胎児のかたちをとるものがある。一九五六年、J・H・ジオと・レバンによって、人間には四六個の核染色体（四四個の常染色体または非性染色体、それに二個の性染色体）のあることが報告された。正常な男性は四四個の常染色体とXY染色体、女性は四四個の常染色体とXX染色体を持っている。男性の精子には、半数の染色体――二二＋X染色体か二二＋Y染色体――が、そして女性の卵子には二二＋X染色体が含まれている。受胎の際に、胎児は常染色体ひと揃えと性染色体ひと組を受け取る。新生児の性は、父親からどちらの性染色体を受け取るかで決定する。それがX染色体であれば、母親のX染色体と結合して女児（XX）となり、Y染色体であれば、母体のX染色体と結合し、胎児は男児（XY）となる。

＊

私は小児科医としての三〇年以上の経験を持っている。医師としての守秘義務があるため、以下に紹介する事例については日付も名前も公表できない。だが、聖骸布の人物の染色体構造に関する発見が、処女マリアに性活動があった証拠とはならないことを説明するために、この事例に触れておきたい。それは、父親に同伴されて私の診察室を訪れた一三歳の少女に関するものだ。

少女は、両親が離婚してから、父親と生活を共にしていた。彼女は朝になると吐き気とめまいをもよおし、腹部に鋭い痛みを感じた。膣からの出血も多少あった。腹部には、直径二五から三〇センチほどの大きなしこりが認められた。少女は性交渉を持ったことはないと主張したが、私は性体験を否定していながら正常な妊娠をする一二、三歳の女児を多数見てきた経験がある。

この患者に対して行なわれた二種類の妊娠試験は、いずれも陽性反応を示した。しこりが腹部中央に位置していれば、検査結果が示すように妊娠していると判断できるのだが、彼女の場合には、中央ではなく腹部右側にしこりがあった。そこで私は、卵巣膿胞《のうほう》か卵巣腫瘍であろうと診断した。その子が処女であるとすれば、婦人科の検査を受ける必要がある。予想通りの結果がでたため、彼女は入院して、二、三ヵ月体内で成長していたと思われる、腫瘍の摘出手術を受けた。

組織学研究所でこの腫瘍の薄片を検査した結果、腫瘍は多胚芽腫であることが判明した。卵巣のなかで成長し、胎児状のものを形成する腫瘍である。この腫瘍は、性交渉なくして生じるため、処女生殖と呼ばれている。私の調べた事例では、XX染色体を持つ胎児状の腫瘍もいくつかあった。卵巣の混合生殖細胞腫が、多胚芽腫からの細胞と芽細胞腫からの細胞を含むと、擬似胎児はXY染色体を持つ場合がある。処女の母親の胎内に形成された男の擬似胎児ということになる。

私が発見する以前から、医学の文献には八件の多胚芽腫の事例が報告されていた。私はこの種の事例を一〇年探し続けていたのだが、偶然巡り合うことができたのは幸いだった。

この事例は聖書の処女懐胎とはまったく異なる。とはいえ、XY染色体が発見されたからといって、聖骸布の人がナザレのイエスではないとの証明にはならないことを、明らかにしているのである。私たちが、毎年一月一日に主の割礼祭を祝うとすれば、ナザレのイエスの遺伝子は、四六個の染色体（四四個の常染色体とXY染色体）でなければならないのだ。

だが、聖骸布のヒトDNAについて私たちが行なった研究は、今や問題をはらむものになっていた。羊のドリーがクローンされて以来、DNAからクローニングするという考えは、自然な生物学的繁殖への干渉を心配する人々によって、戦慄の目で見られるようになっている。聖骸布について私たちが行なったDNA検査の衝撃的報告は、聖骸布信徒たちが私たちの研究を耳にするときに感じる不快感を、いっそう強める結果になった。それは、一九九六年七月三十一日に、サルダリニ枢機卿から受け取った書簡に示された、明らかな不快感を説明するものであろう。彼は、私が何百万人という数の信仰者たちの気持ちを、まったく考えていないと訴えたのである。

私は、自分の行なった研究に何ら問題を感じてはいない。

DNA分子は、二本の撚《よ》り糸のように絡み合う螺旋《らせん》からなっている。一方の撚り糸は暗号解読DNAであり、他方はその鋳型となるDNAである。撚り糸同士は、一種の暗号のなかで、一組の塩基によって結ばれ、生命は、染色体と呼ばれる長い紐のなかにある細胞核に収められたDNAにより、個体から個体へと伝えられる。古い時代の血のDNAは、部分的に壊れているのが普通である。それは、分子の節がもはや存在しないことを意味し、私たちが利用できるのは、その一部でしかない。

ヒトをクローニングするためには、ヒトDNAのほとんどが必要である。聖骸布の場合には、血の分量が非常に微量である。その九五パーセントは長い歳月のあいだに、細菌とカビに置き換えられている。残された血は崩壊が進み過ぎていて、今も残留するいくつかの短い節だけでは、ヒトをクローニングすることなどできない。

私たちの研究では、三つの遺伝子節しかクローニングできなかった。第11染色体のベータグロブリン遺伝子から得た節には、二六八対の塩基しか含まれてはいない。歯のエナメル質を形成するアメロゲニンX遺伝子から得られたのは二五〇対の塩基で、アメロゲニンY遺伝子からも、同数の塩基しか得られなかった。アメロゲニンXとアメロゲニンYとの違いは二つの遺伝子の大きさにあるのだが、いずれもごく短い節しか得られてはいない。

前にも触れたように、ヒト・ゲノム、あるいは完全な原型を構成する塩基対の数は、三〇億個である。私たちが得たのは七〇〇から七五〇個の塩基対だけであり、完全なゲノムを得るにはほど遠い。また、私は聖骸布の人の完全なゲノムが得られるとも、まったく考えてはいない。むしろそのほうが幸いであろう。自分の行なった研究に問題がないと言った理由はそこにある。「神のDNA」を手にしたと、私は考えるべきであろうか。ナザレのイエスの神性を明確にした四回の公会議（三二五年ニケーア、三六一年コンスタンティノープル、四三一年エフェソス、四五一年カルケドン）を振り返れば、その答えが見つかるかもしれない。

ニケーア会議、あるいは第一回公会議には、コンスタンティヌス皇帝と三〇〇人の司教が参加した。そこにおいて、ナザレのイエスは、「まことの神から来たまことの神」と宣言された。第二回のコンスタンツ公会議では、「御父、御子、御霊は被造物にあらず、ひとり神として合わせ敬うべし」と宣言された。第三回エフェソス公会議では、「処女マリアは神の母、セオトコス」と定められた。最後に第四回カルケドン公会議では、イエス・キリストは「まことの神にしてまことの人」と宣言されている。

そこで、もし聖骸布の人の血がナザレのイエスの血であるとすれば、私たちが神のDNAを得たか否かという問いかけには、「その通り」と答えることができよう。

第7章　ついに崩れた中世贋作説

今や私は、これまでの発見を評価し、今後の研究のプランを練る段階になった。

マヤの古器物の真実性に挑戦してきたニューヨークの「専門家たち」のお陰で、私は古代の出土品に二時的風化作用が起きていることを突き止め、これら古代の工芸品が真実のものであることを証明できた。

私が発見したのは、有機プラスチックの皮膜であった。私はそれを光学顕微鏡と炭素測定法で検査した。だが、炭素年代決定は、古器物が古い年代のものであることを示したものの、イツァムナ・トゥンが製作されたと考えられる時代より、かなり新しい年代を引き出す結果になった。この炭素年代と真の年代との食い違いは、バイオプラスチック膜によって起きてくる。これについては再三説明してきた。それがマヤの古器物に当てはまるのであれば、それ以外の古代の遺物、特にトリノ聖骸布に当てはまるのではないかと私は信じたのである。ここでも、炭素の年代が論争の的になっていたからだ。

ここにいたって、次なる課題が明確になってきた。それは、バイオプラスチック膜を検査し、できれば完全に除去して、より正確な炭素年代を引き出せるよう、不純物のない純粋な聖骸布サンプルを用意することである。この調査には、さらに多くのサンプルが必要になる。リッジが提供してくれたサンプルは、炭素年代測定には相応しくない。糸屑や粘着テープのサンプルではなく、布そのものが必要だった。

リッジには、常に世話になってきた。私が何をしたいのか、新しい炭素測定を行なうため、サンプルを汚染しているバイオプラスチック膜をいかに除去しなければならないかを説明すると、リッジは決断を躊躇《ちゅうちょ》した。検査の過程でサンプルが破損を受けるに違いないので、提供することに戸惑いを感じたのである。彼は、この提案を議定書にして提出することを求めた。私はこれを受けて、一九九四年九月に書類を送付した。

リッジは当時、健康上の問題で旅することができなかったが、幸いにも、私の議定書を読むと、このプロジェクトのために、サンプルをサン・アントニオに運ぶことに同意してくれた。「トリノ聖骸布のバイオプラスチック膜の分解、分析、炭素年代決定」がプロジェクトの名称だった。

十一月五日、空港にリッジを迎えに行き、ホテルに案内した。翌日、彼を大学に招くと、さっそく、布を純粋なブドウ糖のサンプルに整える作業に取りかかった。これに成功すれば、アリゾナとトロントのAMS研究所で正式にテストにかけることができる。鉱物学研究用の精巧な秤《はかり》を使ってサンプルを計量し、次に洗浄作業に入った。

私たちは、バイオプラスチック膜の存在を証明するため、一九八八年に炭素測定を実施した研究所と同じ洗浄法を用いることにした。オックスフォード、スイス、アリゾナの各研究所は、まずサンプルを細分し、濃度の異なる化学物質を使用しつつ、「酸‐塩基‐酸」洗浄法と呼ばれる手法を用いた。彼らは、時にやや異なる水溶液の塩酸でまず洗浄し、次に苛性ソーダで、続けてさらに塩酸による洗浄を行なった。洗浄と洗浄の中間で、サンプルを蒸留水ですすいだ。

私たちも、これとまったく同じ手法で洗浄を行ない、それから「きれいになっているはず」の繊維を光学顕微鏡で精密検査した。ところが、何一つ変わってはいなかったのである！　繊維は同じままだった。バイオプラスチック膜は依然としてそこにあったのだ。これは、最初の研究所が、意に反して十分な洗浄作業ができなかったことを意味するものである。彼らのやり方では、確かに汚れの一部分は除去できた。だが、バイオプラスチック膜と細菌そのものは除去できなかったのだ。彼らは、炭酸カルシウム、ワックスと、いくつかの有機物質を除くことを目指していたのだが、細菌を除くことはできなかったのだ。聖骸布の細菌はアルカリの環境で繁殖するため、苛性ソーダ溶液を投与されて、さぞ大喜びしたに違いない。

私たちは、バイオプラスチック膜を分離することを決意した。だが作業に取りかかってはみたものの、苛性ソーダの濃度を高めることによって、肝心の皮膜ではなく、亜麻の方を破壊してしまった。ピンセットを使い、糸から亜麻の繊維を剥がそうとしたときに、プラスチックの一部が壊れて、裸の亜麻の繊維だけが後に残った。高濃度の苛性ソーダ溶液は亜麻を破壊して、空のプラスチックの筒だけを後に残した。まるで、インクの管を外したプラスチック・ボールペンである。私は、空になったプラスチックの筒を何枚か写真に収めた。それは、聖骸布に光沢をつくり出しているもので、肉眼にもはっきりと見て取れる。

ここで特に重要なのは、私たちが手にしたプラスチックの筒が、繊維全体の分量の六〇パーセント以上を占めていたことだ。ホール博士は、聖骸布の年代に向けられた攻撃を受け、炭素の年代を覆すには、不純物が六〇パーセント以上含まれていなければならないと語ったが、この言葉を口にしたときに、彼はその可能性を考えてはいなかった。だが今や、私たちはその証拠を目前にしていたのである。酸-塩基-酸で洗浄した後でさえ、聖骸布から細菌を培養することができた。これは、細菌がプラスチックの筒のなかに残存していることを示している。ここでも、生きた細菌が炭素測定の結果を歪める原因になっている。細菌が生きている限り、今後のいかなる年代決定も歪みを生じ、布の年代がいっそう新しくなることは間違いない。

私たちは、今や、一九八八年の聖骸布年代決定で使われたサンプルには、亜麻の繊維素以外に細菌と少量のカビ、バイオプラスチック膜が含まれていたことを知った。このような不純物なしでテストできる、純粋なサンプルを整えることが、私たちの仕事になった。そこで、リッジが二度目の訪問の際に持ってきた、三つの切れ端のうちの二つから採取した、四つの小片を使うことにした。

次の段階は、亜麻の繊維素から純粋なブドウ糖を得ることであった。セルラーゼ酵素はプラスチック膜を壊さずに亜麻だけを分解してくれるので、これを使えば、繊維素の代わりにブドウ糖を得ることが可能である。繊維素とは、ブドウ糖分子が数珠つなぎになったようなものだ。セルラーゼ系の酵素（エンドグルカナーゼ、エクソグルカナーゼ、ベータグルコシダーゼ）はどれも繊維素の分子の結合を切断してくれるため、純粋なブドウ糖だけが後に残る。

ペストルとガラスのビーズを使い、殺菌した乳鉢のなかで布の小片を砕く。得られた粉末を殺菌した試験管に移す。それから、セルラーゼ系酵素が繊維素を分解できるよう、黒色麹菌（クロカビ）から得られた市販のセルラーゼ酵素を、緩衝剤となるトリス硼酸塩と混合、溶液を三七度Cで二四時間保温すると、予想通りブドウ糖に対して陽性反応を示した。この溶液を質量五〇〇以下の分子を濾過できる五〇〇ダルトンのフィルターに通すと、ブドウ糖（質量一八〇）とセルビオース（質量三六〇）を濾過できる。

この液を集めて凍結乾燥機で粉末状にし、大学に持ち込めるよう、炭素測定ができるかたちに整えた。仕事はうまくいった。少なくとも、そう思っていた……。

私は、リッジと連れだってアリゾナ州のAMS研究所へ飛び、粉から炭素測定を行なうことになっているティモシー・ジュル博士にサンプルを手渡した。ジュル博士はサンプルの半分を受け取った。私は妻のマリアを連れて次にニューヨークへ飛び、残る半分をハリー・ゴーブ博士に手渡した。彼はそれをトロント大学の加速質量研究所に持ち込み、サンプルの出所を明かした。

アリゾナ大学の研究室には、聖骸布から採取したサンプルであることは伏せておいた。ここは聖骸布の初期の鑑定に関わっていたため、覆面テストにかける必要があったのだ。リッジは古代エジプトの織物から採取したサンプルとしか伝えなかったが、ジュル博士はこの言葉を疑わなかった。実際、トリノには数多くのエジプトのミイラが保管されており、リッジ自身その種のサンプルをいくつも所持していたからである。

一九九四年十二月、ついに結果がでた。アリゾナ大学は、サンプルの年代を、イエス・キリストより三〇〇〇年から五〇〇〇年の古さと鑑定した。トロント大学では、それよりも八〇〇年新しい年代がでた。

だが、この年代は聖骸布にとっては古すぎる。統計学的な誤差を考慮に入れても、年代は古すぎる。しかも、二つの研究所で鑑定されたのは、同一のサンプルなのだ。こうしたなか、研究所は炭素測定の確度に疑問を投げかけた。炭素測定による年代決定法の欠陥が、ついに明らかになったのだ。

私たちは純粋なサンプルを提出したと考えていた。また、聖骸布がナザレのイエス磔刑の頃に製作されたものと想定していたため、AD三〇年前後の年代が導き出されることを予期していた。だが、測定結果を目の当たりにした今、何かが誤っていることが明らかになった。

科学の世界では、どんな発見も、偽ることは許されない。それはいずれ露見してしまうことだ。私たちがサンプルの炭素測定に失敗した理由を、ここで明らかにしておこう。

私たちは、デスカーボン（数百万年という年齢のため炭素14を含まぬ誘導油）から不純物を混入させてしまったのである。セルラーゼ酵素を活発にするために使った緩衝剤に油化学物質が含まれていた。これが測定結果を変える原因になったのだ。

酵素の働きを促すためには緩衝剤が必要になる。私は、その緩衝剤（トリス硼酸塩）が硼酸（炭素を含まぬ無機性のもの）に類するものなのかどうかをマティングリーに尋ね、自分の目で確かめようとはしなかった。彼は、それはただの硼酸だと言った。だが、炭素測定が終り、どこかが間違っているのに気づいてから、私はすべての行程を調べ直した。化合物に関する研究書の助けを得て、私はトリス硼酸塩が確かに有機物質を含んでいることを発見した。なんと、ここに炭素が含まれていたのである。

炭素測定のメカニズムを知れば、これがいかに不幸なミスであったかが分かるだろう。生き物はみな二酸化炭素を吸っているが、そこには放射性炭素14が微量に含まれている。それは、宇宙線が大気圏上層で窒素原子に衝突してできるもので、これがのちに炭素14に変質するのである。炭素14は、二酸化炭素を消費する植物やバクテリアの重要な一部となり、ここから、他の生命体の一部ともなっている。生物の死後、そこに含まれる炭素14は、窒素に戻ろうと分解し始める。半減期は約五七三〇年なので、生体の死後に残存する炭素14と炭素12を調べれば、理論上は、死んだ年代を確定できる。

聖骸布の場合、私たちは磔刑の時代に収穫されたはずの亜麻の年代をはじき出していなければならなかった。だが、トリス硼酸塩からの炭素を混入させたために、炭素12と炭素14の比率が著しく変わってしまい、せっかくの確定作業をだいなしにしてしまったのである。

セルラーゼ酵素の働きを継続させるため、私たちには「緩衝剤」が必要だった。それがなければ、サンプルのPh（酸アルカリの比率）は変化してしまい、繊維素の純ブドウ糖への分解は停止してしまうのである。燐酸塩のような、他の緩衝剤を使っていれば、完全な測定値が得られたことはほぼ間違いない。

この失敗への反応は十分に予想できた。マティングリーは、緩衝剤についての助言が誤っていたことを知り、取り乱した。リッジは満足できる結果を得ないまま、提供したサンプルの大半が壊されたことにショックを覚えた。ジュルはこの成果に納得したものの、扱ったサンプルが聖骸布だったと知るや猜疑心が頭をもたげた。正当なやり方とは思えない、と彼は言った。覆面テストをする必要があったのだと説明しても、そんなやり方自体が誤っているのだと彼は言った。その二、三日後、私は、アリゾナのAMS研究所のワレン・ベックから、かなり批判的な調子の手紙を受け取った。

失敗を別にすれば、私たちの研究は、最初の炭素測定に対して何を提示したのであろうか。一九八八年、炭素学者らは技術を過信しすぎたために、洗浄方法を誤る結果になった。この方法は確かに素晴らしい技術であり、サンプルの正しい年代を特定するものだが、サンプルに不純物が混入しても警報を鳴らしてはくれないのだ。セルラーゼ酵素で繊維素を分解して純ブドウ糖を得れば、純粋なサンプルが得られ、したがって正確な年代を割り出すことが可能になる。問題は、炭素学者たちが自信を持ちすぎていることにある。彼らは、最終的回答を得たと確信してしまったのだ。だが、謙虚さを学ぶときが、いつかはやってくる。彼らの学ぶべき点はここにあるだろう。

私の場合は、トリス硼酸塩の化学組成をチェックせずにいたことにあった。科学の世界では、一〇〇パーセント完璧を期するということはあり得ない。実験室を離れて、常に新しい可能性、新しい発見、新しい視点を探す必要がある。私の知っている偉大な科学者の誰一人として、絶対的な確信を懐いていた人間はいない。

一九八八年十月十三日、感嘆符付きで大きく黒板に書かれた「1260－1390」という数字は、彼らの傲慢さをよく表わしている。その数字は、サンプルの正しい炭素年代ではあっても、聖骸布自体の炭素年代ではないのである。サンプルには不純物が混入していた。科学者たちは、炭素14と炭素12の比率関係に答えることはできても、サンプルに不純物が混入していたことには気づかなかったのだ。

彼らは早晩、自分たちが大きな過ちを犯し、予想もしない不純物を見逃していたことを認めざるを得なくなるだろう。長引けば長引くほど、事態はますます悪化する。この地球上の露出した表面が微生物に覆われていることを否定する者がいるとすれば、それは滑稽としか言いようがない。微生物はどこにでも存在するのである。

マティングリーは、私の説がいずれは認められるだろうと信じている。聖骸布は長い間、状態を変えずに保管されてきたからだ。彼は自分のミスを認めた上で、教会権威筋から許可が下りさえすれば、サンプルをもう一度洗浄したいと考えている。今度こそ、誤った緩衝剤を使わずにすむことだろう。

第8章　聖骸布の像はいかにして生じたか

聖骸布が本物であるとすれば、像が形成されたメカニズムを科学的に説明できなければならない。

復活の瞬間に莫大な放射線が飛び散り、解放された熱い中性子が聖骸布の上に焼きついたという仮説を唱える人々がいる。だが、この仮説は受け入れられない。それは科学ではない。人体は、熱中性子を生むことはないからだ。

聖骸布を真剣に研究し始めたときに、私は、それが真実のものであることをまったく疑わなかった。像に関して、何ひとつ正当な科学的説明がされていなかったからである。マックローンが染料の存在を報告したときでさえ、聖骸布が絵であるとは考えなかった。酸化鉄はどこにでもあることを知っていたからだ。細菌の沈着物があるため、古代のおよそどんな古器物の表面にも酸化鉄は存在する。

ケモリソトローフはその好例である。この細菌は、鉄を酸化させてできる沈着物（ヘマタイト）からエネルギーを引き出して生きている。このため私にとっては、酸化鉄には何の意味もなかった。

二十世紀初頭のパリ・カトリック研究所の科学者、パウロ・ヴィニョンは、いみじくもこう言った。「聖骸布が本物であれば、像についての科学的説明ができるはずである」

私はこの見解にまったく賛成である。物質的に存在する何かが像を形成しているのであり、十分な調査をすれば、それは明らかにできるのだ。そして私の研究が、その答えを見出したと確信する。私は、像はバイオプラスチック膜の相対的沈着によって形成されたと信じている（一九九三年五月にローマでこれを発表したときに、私が聴衆のほとんどを失ったことを思い出していただきたい）。

像（これはポジの像）の上に見えるより暗い部分は、ナザレのイエスの遺体をもって始まったより自然な沈着であり、細菌は、体の触れていない部分よりも、触れている部分において、より早く増殖したのである。体の一部が布に直接触れていれば、汗、塩分、油脂、血液、尿素は、体の触れていないところよりも、触れているところに集中する。

繰り返せば、細菌がより早く繁殖した部分が、ここなのだ。私はこの現象を、マヤの古器物に見た。古器物にもやはり古代の血液と、聖骸布の亜麻と同じく、繊維素からつくられている木綿があった。それは、人体の沈着物の接触と集中に直接関係しているのである。聖骸布は、接触によって生じた像である。接触像ではないと唱える人々は、そう憶測しているに過ぎない。だが、憶測だけでは科学的事実とは認められない。まず結果を得てから、初めてそれを事実として受けとめることができるのだ。

私は、形成された像の最初の部分は、顔だったと確信する。細菌はごくゆっくりと、特殊な条件の下で繁殖することを記憶していただきたい。像がつくり出されたのは、そのような特殊な条件の下にくるよう、布が配置されたためと考えられる。必要とされるすべての要因が同時に整うという、偶然の一致もあった。湿度、気温、細菌を特定の位置で繁殖させておくこと、そのいずれもが重要な要因である。布を移動させれば、生態系のバランスを変えることになり、細菌の繁殖も変わってくる。

それで、イアン・ウィルソンが指摘するように、聖骸布が三〇〇年間エデッサの門の上に置かれていたのは、理想的な条件であったといえよう。同様な条件は、古代マヤのヒスイにも見られた。多数の人が手にかけた古器物には、何の像も見られなかった。だが、一〇〇〇年以上人の手が触れたことのない墳墓から発見されたヒスイには、この種の像が発見できるのである。その種の像が形成されるには、一〇〇〇年以上の歳月がかかると私は信じる。

場所によって、他よりも厚い沈着物が聖骸布に認められるのは、それらの場所の血液が、細菌に食物を提供したためである。現在ではこの食料源はほとんどなくなり、細菌は全域にわたって一様な厚さに育ってはいない。私は、多くの古器物の有機膜を観察してきた経験から、その理由がよく理解できる。だが、この種の天然の沈着物を見たことのない人は、なかなかその事実を受けとめることができないのである。

全域にわたり、なぜ同じ沈着が起こらなかったのかと問われれば、細菌の繁殖条件が異なっていたからであると答えよう。これは、私がヒスイを調べて発見したことである。有機的沈着物の多い部分は、それ以外の部分よりも皮膜はずっと厚かった。同じことが聖骸布にも言えるのである。

多くの食料が沈着しているところ（傷口から流れ出た血液など）では、より早く繁殖するものの、細菌は全域に渡り移動する。このことは、像がぼやけてくるのではないかと人に考えさせるものだが、それでも輪郭は非常にくっきりしていて、ぼやけてはいない。

それはなぜなのか。私はその答えを持ち合わせてはいないが、発見した事実はある。それらは、繁殖の速度、皮膜の重量、その部分での細菌の捕食の度合いにある。要因は数多くある。私たちは喉が渇けば水が助けになってくれることを知っているが、水が水素原子二個と酸素原子一個からなるという科学的事実を気にかけたりはしない。水を飲むだけだ。同じことがここにも言える。同じ科学的発見が異なる古器物に再現されているなら、人はそれを受けとめることができる。成果をあれこれ論じないことが大切なのである。

アホー・ペクトラルを考えてみよう。この胸当ては前にも見たように、木綿糸で繋ぎ合わされた五つの部分からなっている。時とともに、糸は崩れて細菌とカビに捕食されるが、像は、仮晶のかたちで元の場所に残される。木綿糸が存在した胸当て内側のその場所で、細菌とカビは生育しているのだ。細菌は繊維の隙間では繁殖しない。それは、あたかも繊維の周りに鋳型を作っているかのようにも見える。まさに聖骸布に見られる現象なのである。細菌は繊維が存在するところでしか育ってはいないのだ。

私の説にはいくつか疑問が投げかけられてきた。これが接触像であるとすれば、体を包むことによって歪んだ像が生じるはずだが、聖骸布にはそれが見られないというのである。繊維に粉をまぶしてそれを押しつければ、歪んだ像ができる。だが、細菌にゆっくりと時間をかけて、何百年ものあいだ仕事をさせれば、完璧な像が得られるのである。細菌に仕事をさせておき、酸化鉄と酸化マンガンの沈着物をつくらせておくだけでいいのだ。

マックローンは、像のない部分より像のある部分の方に、多くの微粒子を発見できたと言っている。彼の意見には賛成である。それは論理的であり、彼は正しい。像の部分には沈着物はひとつもないという聖骸布信者もいるが、このような考えは科学とはほど遠い。私は聖骸布信者よりも、マックローンに賛成する。

また、「繊維が酸化脱水し、腐食している」とのアドラーの意見にはまったく賛成できない。四〇倍にして見ると、像のない部分にさえ沈着物を観察できる。像の部分と像でない部分との違いは、バイオプラスチック膜の厚さなのだ。ある部分に沈着物がない（つまり腐食している）というのは誤っている。新しい布繊維には、顕微鏡で調べても沈着物を発見することはできない。アドラーの言う「腐食」は、粘着テープによって起きたものかもしれないし、繊維の一部が菌に食べられ、バイオプラスチック膜に置き換わったものかもしれない。だが、このようなことは推測の領域であり、科学的に証明されたものではないのである。

一九九三年の初め、セルバンテス神父とローマに滞在していた頃の私は、他の古器物に発見していたカビ（リケノセリア）が、バイオプラスチック膜をつくり出しているのではないかと考えていた。細菌が形成するプラスチックは、ポリヒドロキシアルカネート（PHA）で、カビのなかには、このプラスチックを好んで食べるものがある。

だが、このカビはプラスチックを生産することはなく、食べるのである。私は、聖骸布の紐からリケノセリアを培養することはできなかった。不思議なのは、レオバチルス・ルブルスが抗菌物質を生産することだ。ヒスイから採取したサンプルは、ほぼ完全にクロカビに覆われていたが、このカビは、聖骸布には発見されていない。それはプラスチックを生産する細菌が、カビから身を守るために、抗菌物質を生産しているからなのである。

STURPの研究者たちは、特殊な波長の放射線を使用したが、あの方法では細菌の生態系を崩したか、今後崩す恐れがあるだろう。一度生態系が崩されると、他よりも急速に成長する細菌がでてきて、バランスが崩されることになる。そうなれば、像の形は歪んでくる。リッジによれば、像の顔の部分は一九七八年以来変化してきているとのことだ。炭素測定のサンプル採取のために、一九八八年にふたたび見たときに、彼はその変化に気づいたのである。私はここの三年間、リッジと話をすることができずにいるため、一九九八年四月から六月にかけての聖骸布公開の際に、像がリッジの目にどのように映ったかについては分からない。

墓に葬られてから、ナザレのイエスの体にどのようなことが起こったのであろうか。それは、私にも分からない。唯一言えることとは、布は長時間体に接してはいなかったということだ。埋葬に使われる布に必ず起こる、劣化のしるしが見られないからである。聖書は、イエスが三日目に甦ったと告げているが、私はこの記述を受け入れる。私は、聖骸布の像は初めからあったものではなく、ヒスイの像に見るように、長い歳月をかけて形成されたものであると信じる。

では、奇跡はどこにあるのだろうか。聖骸布に像が現われた奇跡は、像をつくり出すのに不可欠なすべての条件が、必要とされた瞬間に整ったことにあるといえよう。かりに、このような条件を科学的に説明できたとしても、像を生み出すのに必要なその瞬間に諸条件が整ったことは、奇跡としか言いようがない。

第9章　円卓会議の多士済々

私は自分の研究を、誰に対しても公開しているばかりか、科学者仲間ともすすんで分かち合ってきた。だが、バイオプラスチック膜の重要性を訴える気持ちが裏目にでたローマ会議に失望してからは、自分に近い専門分野の人々にだけ、この発見を伝えるようになった。科学の分野ではウォルター・マックローン、アラン・アドラー、ハリー・ゴーブなどの人々、史学では南インディアナ大学のダニエル・スカボーン教授など、この分野に熱心に取り組んできた人々と意見を交えることに、特に力を注いだ。スカボーン教授とは、聖骸布の歴史と聖杯との関係にまつわる多くの信仰を、共に分かち合った仲である。

このような背景から、私は一九九三年九月、三回にわたる円卓会議を主催することになった。第一回の会合場所はサン・アントニオの「湖の聖母大学」である。

私は、ローマのときとは異なり、思慮分別のある反応と示唆を得られることに期待をかけた。

そのため、聖骸布に関心を持ち、円卓会議のディスカッションに相応しい、資格ある研究者を招聘しようと試みた。ようやく、自分の集めてきた証拠が、偏見を持たない人々の心に訴えるかどうかを確かめられるわけだ。私はまた、別な方面からの研究についても知りたいと思った。互いに情報交換をすることにより、これまでの多くの疑問について答えが得られるかもしれない。六人から八人の参加者で、誰もが気楽に情報を提供し、批判的コメントも遠慮なく交わせるような、楽しい会議にしたいと願った。

円卓会議はまず、ウォルター・マックローンが演壇に立ち、聖骸布は絵であるという論文を発表した。アラン・アドラーは、一九七八年に行なわれた聖骸布サンプルの血の研究と、聖骸布の保存状態についての話をした。ローマ会議からの帰途、ニューヨーク・ケネディ空港で偶然出会ったスカボーン教授は聖骸布の歴史について、いくつか重要な話をした。この会議には、セルバンテス神父に同行した、メキシコ・シンドノロジー協会の会長も加わった。フレッド・ブリンクマン神父は、アメリカ聖骸布ギルドの代表者として参加した。私はというと、調査の過程で作成した多くのスライドを映写した。

参加者一人ひとりが発表を終えると、それぞれについて、賛否両論を織り交ぜた長い討議の場を持った。私は、ウォルター・マクローンがバイオプラスチック膜にどのような反応を示すかに、特に関心を懐いた。この会議は、彼が私の考えに個人的に触れる最初の場だったからである。一九八〇年に『顕微鏡』誌で酸化鉄に関する彼の報告を読んではいたが、一九八七年にアドラーと話を交わすまでは、彼の研究について多くを知らずにいた。だが、一九九三年に、研究の過程で古器物に残る血に関心を深めるようになってから、マクローンと接触した。彼は『顕微鏡』誌の第二八巻、二九巻を送ってくれた。

私は当初からマクローンの説の誤りを知っていたが、今やその証拠をにぎることになった。マクローンは、画家の使うゼラチン結合剤に含まれる酸化鉄と赤黄土が見つかった、と述べていた。確かに、私もそれを発見している。だが、赤みがかった沈着物に見えるのは、酸化鉄ではあっても、純粋なヘマタイト（赤鉄鉱）ではない。それは、鉄とマンガンのエネルギーで生命をつなぐ細菌の侵食物なのだ。

私が扱ってきた古器物には、どれも黒ずんだ酸化マンガンの沈着物が認められた。また、科学と細菌学における研究から、細菌が鉄とマンガンからエネルギーを引き出すことも知っていた。マクローンは私の発見を受け入れなかったが、終始、紳士的な態度を忘れなかった。私もあえて彼に疑問をぶつけなかったし、彼も私に疑問を投げかけることはなかった。私たちは互いを尊重しあった。彼は空港で私を強く抱き締め、会議に招かれたことを喜んだ。礼儀をわきまえた人である。

アラン・アドラーにとって、この会議は、私の発見に触れる三度目の機会になった。彼は一九八七年にサン・アントニオで、一九九三年にはローマで、私の発表を耳にしていたからだ。アドラーは顕微鏡を介して私のサンプルを検査し、私の結論が正しいこと、自らも繊維を検査しなおし、バイオプラスチック膜の存在を確かめたと語った。彼は最初から、この事実を認めていたのだ。

アドラーはサン・アントニオに来る前は、沈着物は存在しないとの意見だった。だが、会議に出席してからは、何かがあると言い始めた。私は時々、アラン・アドラーと話をするのを難しく感じる。血の存在を定義したこと自体は正しかったのだが、彼の論法は法廷論争ができるような、論理に裏打ちされた種類のものではない。彼とジョン・ヘラーが血液鑑定に使った方法は、時代遅れなのである。

例えば、アドラーはスペクトルの一部、ソレー帯をもって、ヘモグロビンの存在を前面に打ち出しているが、これは正しいとは言えない。ソレー帯で吸収するチトクロームを持つ細菌は少なくない。ソレー吸収帯を持つのは、血に限らない。だが、STURPの科学者チームは、それが血であることを証明するに十分な情報を持っていたのである。私はまた、繊維の酸化脱水によって像が形成されたというアドラーの説がナンセンスであることも、彼自身に告げた。

一九九三年十一月、セルバンテス神父によって、メキシコシティーで小会議が催された。ダニエル・スカボーンと私が、史学での研究とバイオプラスチック膜、血の研究を発表するために招かれた。素晴らしい会合だった。みな陽気で、メキシコ料理を楽しみ、日曜日にはメキシコシティー・カテドラルでセルバンテス神父によるミサにあずかった。

サン・アントニオでの第一回会議が終った一九九四年二月十二日、インディアナ州エヴァンスヴィルで、ダニエル・スカボーンがもう一つの会議を開いた。娘の嫁ぎ先の町だったこともあり、私はこの会合への招待を快諾した。会合にはジョバンニ・リッジも同席した。この会合は、彼にとって、三度に及ぶアメリカ訪問の最初の機会になった。

最初の円卓会議の成功に勇気づけられた私は、聖骸布像から採取したDNAに関する初期の研究を報告するために、第二回会合を開いた。すでにアリゾナ大学健康科学センターの微生物学客員教授になっていたので、マティングリーの助けを得て、一九九四年九月に円卓会議を召集できた。特にこの月に決めたのは、イアン・ウィルソンがアメリカに来ることを知ったからだ。だが残念ながら、彼はスケジュールを調整することができず、会議に出席できなかった。

アリゾナAMS研究所のティモシー・ジュルは、初めは出席する予定だったが、直前に出席できなくなった。だが、ハリー・ゴーブ教授が炭素学者を代表して出席してくれた。彼は、三つの研究所が聖骸布の年代鑑定のために使用した、質量加速測定の共同開発者である。

ゴーブと知り合ったのは、ポール・マロニーが編集した本に載った、彼の原稿を読んでからのことだ。マロニーは、ゴーブの承諾を得てその原稿を送ってくれた。私は連絡をとり、マヤ遺物の炭素測定についての自分の経験をゴーブに知らせるとともに、関係する印刷物を送ったのである。これが有意義な交友の端緒になった。トリノでは、ゴネラとの間に深刻な問題を抱えてはいたが、ゴーブは誠実な人間である。そこで、第二回円卓会議で、彼に論文を発表してもらうことに決めた。この講演は成功を収めた。

会議にやってきたゴーブに、私は聖骸布から採取した亜麻のサンプルを見せた。彼は顕微鏡を通して、布の四〇から六〇パーセントを占めると推定される有機プラスチックの皮膜を観察し、特に興味を深めた。

スカボーンが、マクローンにしたのと同様の質問を試み、ゴーブの言葉を、イギリス聖骸布学会の「ニューズレター」を編集しているイアン・ウィルソンに書き送った。ニューズレターの一九九五年一月号に掲載された、その書簡の一部を引用しよう。

「ハリー・ゴーブ博士が出席した。彼は、不本意ながらも、テキサスで実施されたその研究に深く印象付けられた。九月二日土曜日、非公式に組まれた円卓会議で熱心な討議が交わされてから、その晩にゴーブ博士は顕微鏡の下で聖骸布の糸を観察し、ガルツァバルデスが以前から述べていた主張を確認したと話した。聖骸布の糸のうち、実際の繊維分はたった四〇パーセントで、残る六〇パーセントはバイオプラスチック膜だった。したがって、研究所が年代測定したものは、純粋な聖骸布の布よりも、微生物がつくり出した最近の沈着物とその硬い皮膜の方が多かったことになる」

ニューズレターが公表されるや、ゴーブは当惑した。彼には自分の見解を公表する意思はなかったのだ。彼は困った立場に立たされた。他の炭素学者たちを攻撃しているように見られてしまったからである。

ゴーブは釣り合いをとろうとして、ニューズレターの次号に短くてもよいのでコメントを載せたいと申し出た。一九九五年五月号で、彼は次のように釈明している。

「ダン・スカボーンは、ガルツァバルデス博士の発見についての私のコメントを深読みし過ぎたのだ。確かに、バイオプラスチック膜の存在は聖骸布の年代に修正を加えるだろうが、一〇〇年以上も変わるとは思えない。とはいえ、それは時が解決するだろう。

円卓会議に出席した私たちは、ガルツァバルデス博士の発見が、全体として正しいことを確信した。聖骸布の糸のいくつかの周囲には、一種のハロー、あるいはバイオプラスチック膜が確かに存在した。ガルツァバルデス博士の顕微鏡を通しての視覚検査で、サンプルの六〇パーセントがバイオプラスチック膜だったと書かれているが、それは私の言葉を誤って引用したものだ」

だが、スカボーンは正しかったのである。ゴーブは私の目の前で、確かにそう認めたからだ。彼はまだ皮膜の度合いを受け入れてはいない。彼も人間なのである。

私たちは科学者に敬意を払わなければならない。彼らは道具ではない。もてあそぶ対象ではないのである。私はマクローンにもアドラーにも、自説を押しつけるようなことはしなかった。私の研究は、多くの聖骸布オタクから嫌われているとのEメールが来ているが、私は彼らの全員を友人と考えている。

会議の最後で、ゴーブは炭素測定法の誤りを認める誠実な人間なのだと私は感じた。私は彼を尊重し、彼も私を尊重してくれている。彼は常に誠意を見せてくれたし、私もそうしてきた。

何も問題はない。私たちは、週に二、三度連絡をとり合う。私たちはニューヨークで落ち合い、スコッチやソーダを飲みながら、ときどき楽しい時間を過ごす。

彼とのやり取りのなかで、古代の遺物に関して新たな炭素測定を行なおうとの案が出ている。この一連の計画に聖骸布を加えるのかどうかは未定だ。

私たちは最近、エジプトのイビス（鳥）のミイラについて、炭素測定の結果を発表した。このテストによって、鳥の骨と筋肉の年代、ミイラを包む亜麻布の年代には、大きな誤差があることが判明している。誤差は五五〇年とでた。それについては次の章で述べることにしよう。

第10章　古代エジプトからの証言

私は二〇代で、イツァムナ・トゥンとアホー・ペクトラルを購入するという幸運に巡り合った。ミイラを入手したことによって、現在では炭素年代測定に伴う異常現象にいっそうの洞察を加えることができるようになった。私が必要としたのは、本体の年代と覆いの年代とが明らかに矛盾する、古代の品であった。

親友のセルバンテス神父がよく言われていたことだが、神はさまざまな方法でお働きになる。私は、かつて関係していたことのある、ニューヨークのオークションハウス、ハーマールーク・ギャラリーから送られてきたパンフレットを、たまたまポストに見つけた。ところが、封を切って驚いた。捜していたイビスのミイラが、そこにあったのだ。エジプトのミイラを買うような変わり者は、そう多くはいない。値段もさほど高くはなかった。四〇〇〇年という年代もののミイラが、たったの三〇〇〇ドルである。

イビスは、トト神の聖獣としてエジプトでは神聖視されていた。ヘルモポリスのトト神殿などでは、鳥は卵から孵化されて、大切に育てられたものだ。巡礼者は鳥を購入し、神への捧げものとしてそれをミイラにしてから、何千羽という単位で巨大な地下埋葬所に葬った。同じようにエジプト人から神聖視されていた雄牛などの動物も、やはりミイラにされて、同様な方法で埋葬された。

件のイビスのミイラが、ニューヨークのオークションハウスに運ばれてきた経緯については分からない。一九九五年十二月の末、私は電話でそれを買い求めた。第二回会議も終り、翌年の一月末に予定されている第三回会議の準備に取りかかっていた矢先のことだった。イビスのミイラは、ダン・スカボーン博士の名にちなみ、ダニー・ミイラの愛称が付けられて、一月の会議の目玉になった。

第三回円卓会議のもう一人のメインゲストは、イギリス・マンチェスター博物館エジプト学研究室室長のロザリー・デビッド博士である。私のミイラ研究への情熱を駆りたてたのが彼女だった。

その一〇年前に、私は彼女の著書『ミイラの秘密』を買っていたのだが、まだ読んではいなかった。マヤの古器物の年代測定に伴う異常現象に気づいた頃に、ちょうどこの本を書斎で見つけ、彼女が「ミイラ一七七〇」と呼ばれるマンチェスター・コレクションのミイラの年代決定で、壁にぶつかっていることを知ったのだ。それは一八九〇年代に、著名なエジプト学者のフリンダース・ピートリ卿が発掘した、一三歳の少女のミイラであった。

一九七五年、ミイラの覆いを慎重に取り外し、デビッドのグループは、年代測定のために、骨のサンプルとミイラを包んでいた布のサンプルを、別々に大英博物館に送った。ところが、二つのサンプルからでてきた年代には、大きな開きがあった。骨の年代はBC一五一〇年、だが覆いの年代はずっと新しく、AD二五五年とでた。一七〇〇年以上の開きがある。この不可解な発見に、デビッドは二つの可能性を考えた。

ひとつは、ミイラ本体は、埋葬後この年月が経過してから包み直されたというもの。もうひとつは、私の関心をそそったのがこれなのだが、何らかの不純物が――博士はミイラ処理の際に使用される樹脂と軟膏に含まれる「何か」を想定した――正確な炭素測定に干渉したという可能性である。また、大英博物館研究所も認めている手違いによって、年代の算出を誤った可能性もある。

本を読了した私は、この問題への答えを自分が握っているかもしれないと考え、デビッド博士に接触を試みた。バイオプラスチック膜が測定結果に作用した可能性がある。博士は、私の案を受け入れ、ミイラ一七七〇のサンプルを調べるよう提案した。

当時、私たちは、一九九六年一月二十六日にテキサス大学健康科学センターで開かれる、第一回国際微生物考古学シンポジウムの準備に追われていた。「微生物考古学」の名が使われたのは、この会議が最初である。生態学、系統学、また古器物表面に微生物がつくり出す二次的代謝産物の研究を含む、新しい学問分野のことだ。

私たちは、一月二十七日の第三回円卓会議と並行してシンポジウムの実施を考えていた。デビッド博士は両方の会議に必要な人材と思われたため当然招待することになったが、彼女は、会議へ出席するために予定を変更するほど情熱を見せた。考古学者と科学者からなる五〇人の代表者に向けて発表された七つの論文のうち、二つは博士のものだ。

鑑定のためにミイラ一七七〇から採取したサンプルを求めると、博士はすすんで提供してくれた。顕微鏡鑑定の結果、ミイラを包む包帯にも美しいバイオプラスチック膜の存在が確認できた。デビッド博士に聖骸布のサンプルを見せてから、私たちは、二つの出土品の皮膜についてしばらく話を交わした。

「これこそ突破口です」とデビッド博士は言った。彼女は、二つの遺物の年代決定の問題には共通する原因があると言い、それについてさらに討論するために、マンチェスターでのシンポジウムの開催を約束した。

鑑定のためにダニー・ミイラを広げると、デビッド博士は、それがまだ一度も覆いをとかれていないものであるため、炭素測定にはもってこいの品であると見た。

土曜日の午後一時半、彼女は覆いのサンプルと骨のサンプルを、アリゾナAMS研究所のダグラス・ドナヒュー博士に手渡し、炭素測定にかけるよう依頼した。彼に手渡した亜麻のサンプルは、一つは「酸‐塩基‐酸」で洗浄したもの、もう一つは、アセトンを使用してから

「酸－塩基－酸」で洗浄したものである。ほかに鳥の骨の一部と、骨に隣接する筋肉組織も手渡した。

ロザリン・デビッドの協力だけが、第三回円卓会議の唯一の収穫だったわけではない。第二回会議には、STURPチームの最初のスタッフの一人、ロバート・ディネガー博士が出席していた。彼は一九七八年の鑑定当時、ロスアラモス国立科学研究所に勤務し、のちにロスアラモスのニューメキシコ大学に移籍した科学者である。

一九九六年一月五日、第二回円卓会議への出席を喜び、第三回会議への出席を求める、博士からのファクスを受け取った。私は、喜んで彼をこの会議に招聘した。

第二回円卓会議で、ディネガーはゴーブに熱心に話しかけたが、ゴーブは距離を置いていた。炭素学者たちは、彼のことを「研究に指図するうるさい男」と考えていたのである。ディネガーはこの会合で、一九七八年に最初に聖骸布を鑑定したときに、私が今問題にしている「膜」を顕微鏡下で観察していたと述べた。だが、STURPチームの先輩から、口を閉ざすよう命じられたというのだ！　ディネガーの言葉を引用しよう。

「このような写真を見せていただき、嬉しく思います。一九七八年に鑑定したテープにも、私は同様な膜を見たからです。ところが、繊維に膜がかかっていることを指摘すると、他のSTURPの研究員たちから、口を閉ざすよう言われたのです」

ディネガーは、口封じをしたSTURPの人間の実名を挙げたが、その名を公表するつもりはない。だが、この知らせは、私を深く失望させるものだった。私はSTURPには常々疑念を懐いてきたが、ここにいたって「彼らは科学者ではない」と思うようになった。

第三回円卓会議が終了するや、私たちはダニーミイラの炭素鑑定結果を心待ちにした。ドナヒュー博士は、ミイラの所有者とシンポジウムの開催者が私であることを知っていたが、デビッド博士が彼にサンプルを手渡したため、結果は彼女に通知されることになった（メキシコのインディオよりヨーロッパ人が信用される一例であろうか）。ゴーブも二、三カ月後に結果を伝えられ、そのコピーを私に送ってきた。

そして、ここでも、鳥の年代と覆いの年代とのあいだに大きな誤差が生じていたのである。それは平均五五〇〇年の誤差だった。私は測定にかける前から、たとえミイラの方が古かったとしても、イビスのバイオプラスチック膜は聖骸布のそれよりもずっと薄いため、五〇〇〇年以上の誤差がでれば自分の説は裏付けられることになるだろう、と話していた。その通りの結果になったのである。私は、炭素測定の欠陥は明らかになったと考えている。それは、バイオプラスチック膜を考慮に入れなかったからなのだ。

ところが、炭素学者たちは、またしてもこの主張を葬り去ろうとした。イビスは海の魚を食べていた可能性があるので、鑑定の対象には不適格だと言い出したのだ。炭素測定の基本のところでも見たように、海底の植物を食べる海魚の場合、炭素12に対する炭素14の関係は違ってくるかもしれない。そこで、ダニー・ミイラのような、この種の魚を捕食する生物が含有する

ゴーブ博士（左）と著者。
ニューヨーク・
聖パトリック聖堂で

「ダニー」の愛称を
つけられたイビスのミイラ

炭素14の量も変わっている可能性がある。「海の修正」が数値を左右したことは無論あり得る。だが、アリゾナの研究所のティモシー・ジュル博士はこう言った。

「自分も、この捕食を考慮するように言われたことがある。だが、信じていないので取り合わなかった」

デビッドは、ダニー・ミイラがエジプト中王国のヘルモポリス神殿からのものであるとすれば、鳥は地中海まで毎日八〇〇キロもの飛行をし、さらに深海に潜って魚を捕らなければならないことになると述べた。デビッドも、ゴーブも、マティングリーも、そして私も、このようなことを信じてはいない。一九九六年以来、ドナヒューとの音信は絶えている。

今後、私たちはどう進むべきであろうか。測定を重ねるべきであろうか。ゴーブは、ワシントンのスミソニアン博物館に展示されている、ミイラ化した牛のサンプルを試そうと提案している。

確かに多くの動物を試せるであろう。だが、結果は常に同じものになるだろう。私たちはすでに聖骸布を試し、ミイラ一七七〇を試し、マヤのイツァムナ・トゥンを試し、ダニー・ミイラを試してきた。どの事例も異常な結果をだした。自分の調査では、正常な結果をだした事例は一つもなかったのだ。

トリノ聖骸布の測定結果は、バイオプラスチック膜のために異常を呈した。ミイラ一七七〇もそうである。イツァムナ・トゥン、そしてダニー・ミイラについても、バイオプラスチック膜によって異常な結果が出たのである。これ以上続ける必要があるだろうか。私は、今手にしている結果で十分満足している。デビッド博士も同様である。

さらに試したいという人はそうすればよい。だが、同じ結果しか得られないだろう。炭素測定法による古代の布の年代決定は、信用のおけないテストなのである。

第11章　枢機卿からの妨害工作

聖骸布の血のサンプルから採取した三つの遺伝子節のクローニングに成功すると、私はサルダリニ枢機卿へファクスを送り、実験の成功を伝えた。だが、返答はなかった。トラブルを最初に感じ取ったのは、サルダリニ枢機卿が、「最近公表されている聖骸布に関する報告」について、次のような声明を発表したときである。声明の要旨は次のようであった。

「……教会は科学者が専門分野にかなっていると感じる研究をする権利を認めているが、この件については、次のことを指摘しておかなければならない。

a／一九八八年四月二十一日以後、聖骸布からは新しいサンプルはいっさい採られていない。聖骸布の管理責任者の知る限り、そのサンプルからどんなものも第三者の手に渡ってはいない。

b／そのようなものを所持する人間がいるとすれば、ローマ聖庁は個人がそれを所有し、それによって目的を達することを、いっさい許可してはいないと伝えなければならない。管理責任者は、所持する者はすぐにその断片を聖庁に返還するよう求める。

c／先に述べた実験に使われた問題の品が、真実、聖骸布の繊維から採取されたものかどうか確定できないため、ローマ聖庁と管理者は、実験と称されるものに、何ら重要な価値を認めていないことを表明する」

一九九五年九月にだされたこの声明は、明らかに私の研究に対して向けられたものと思われた。だが私は、十分な教会の権威を持つと信じられる人間からサンプルの提供を受けたのであり、自分の研究を常に正当なものと判断してきた。ルイジ・ゴネラの話から理解した限り、サンプルは、将来「真剣な」調査が行なわれるときのために、バレストゥレロ枢機卿の権限の下に保管されていたのである。

一九九〇年九月、バレストゥレロ枢機卿が聖骸布の管理責任の職を解かれ、サルダリニ枢機卿に仕事が引き継がれ、前任者のこの言葉が無効になったことなど、どうして私が知り得よう。一九九三年五月に聖骸布サンプルの提供を受けたときには、私は二人の枢機卿の間に意見の食い違いがあることなど知る由もなかった。リッジとゴネラがサンプルを提供する権威を持っているものと信じたのである。

バレストゥレロ枢機卿の最近の発言と、一九八八年のそれとの間には、矛盾があるように思える。これは政策上の問題であり、私はこのような確執には巻き込まれたくはない。だが、ゴネラが、バレストゥレロ枢機卿時代と同様に、新しい枢機卿の背後で采配を振るっているとは思えない。また、彼が他の人間に代わったのかどうかについても分からない。自分の知る限りでは、その役目を果たしていると思える男は三人いる。ドン・ジョセッペ・ジベルティ、ブルーノ・バルベリス博士、そしてピエール・ルイジ・バイマバロン博士の三人である。

リッジから提供されたサンプルは、本当にトリノ聖骸布から採取されたものなのだろうか。私が撮影した写真には、サンプルを収めた容器に、確かにゴネラとリッジの印が映っている(四九頁参照)。サンプルを見れば、それが聖骸布からのものであることは疑う余地がない。私は、トリノ理科大学会議でサンプルの写真を公開した。それを見たフランコ・A・テストール博士(聖骸布の断片を計量した人物)は、一九八八年四月二十一日に聖骸布から切断した断片の縁に正確に一致すると証言している。彼はトリノ理科大学の教授、繊維研究室室長である。

サルダリニ枢機卿は、私が不正な人間で、サンプルを差し替えたとでも考えているのであろうか。それともこの動きの背後には、私には推し量ることのできない、強力な政治的配慮が潜んでいるのであろうか。

私はサルダリニ枢機卿に対し、詳細なレポートをファクスで通知した。彼の秘書、ドン・ルチアーノ・モレロとの電話での話し合いから、枢機卿が私のレポートを受け取ったことは確認した。男性の血の発見については、結果を得たわずか一週間後にファクスを送っている。一九九六年にすべてを覆す手紙をもらうまで、彼からは何の返事もなかった。

＊

一九九六年春、サン・アントニオ大学健康科学センターは、学術誌『ミッション』を発行し、そのなかでマヤの古器物と聖骸布の両方に関する私の研究と、DNA検査結果に関する特集記事を組んだ。表紙には聖骸布のキリスト像が使われ、「聖骸布の秘密——微生物学によって明らかにされたトリノ聖骸布の真の年代」という題が印刷された。ジム・バレットの執筆になるその記事は、バイオプラスチック膜に関する私の説を要約し、デビッド博士の「ミイラ一七七〇」についての検査報告も網羅していた。記事は、トライオン博士の先端DNA工学研究所で確認された、ヒトの血液の存在にも触れていた。

「数ヵ月に及ぶ顕微鏡検査の末に、このチームは、トリノ聖骸布が、炭素測定から導き出された年代より何世紀も古いものであると結論づけた」と記事は書き、「これはきちがいじみた考えではない」とのハリー・ゴーブの言葉も引用されていた。サルダリニ枢機卿からは何ひとつ返答がなかったので、私は自分の研究の進度を伝えるために、この雑誌も彼に送付しておいた。

だが、この雑誌が、サルダリニ枢機卿から返事を引き出す結果になったのだ。一九九六年六月三十一日付の彼の書簡は、イタリア語で書かれていた。ロベルト・ロルフィニ博士が翻訳してくれたが、私はその内容に驚いた。

サルダリニ枢機卿はこの書簡で、「誰の権限の下で」この作業を行なったのかと詰問してきたのだ。私は、「この権限によります」とのコメントを添え、一九九四年四月にヨハネ・パウロⅡ世から送付された書簡の写しをサルダリニ枢機卿に郵送した。

枢機卿はまた、聖骸布の血がイエスの血であることを信じている何百万という信徒の気持ちをまったく配慮していない、と私を非難した。言い換えれば、真実を隠蔽するよう私に求めてきたのである。「あなたが聖骸布の血を研究したなどと、どうして報告できるのか」と詰問は続いていた。

私はカトリック教徒である。一一年間カトリックの大学で研究を積んできた。自分の行なったどんな研究にも問題を起こしたことはない。枢機卿は何も理解してはいないのである。彼はまた、教会が正式に認可したサンプルによる実験ではないため、私の聖骸布調査を容認することはできない、とも書いてきた。だが、繰り返せば、私は教会を正式に代表すると信じた人物とやり取りをしたのであり、サンプルについて言えば、それを保管していた容器には正式な教会の認印が押されているのである。

私とジョバンニ・リッジとの関係は、今どうなっているのか。

彼とはほとんど連絡のとれない状況になっている。一九九八年六月まで、私はルイジ・ゴネラと少なくとも月に一度は電話で連絡をとり、リッジに連絡をとってくれるように依頼してきた。一九九八年六月のゴネラとの話し合いが最後となった。彼は、私の研究のおかげでトリノで政治的問題に巻き込まれたため、距離を置きたいと言ってきたのだ。

私たちが聖骸布サンプルの洗浄でミスを犯したのを知ったとき、リッジは取り乱すあまり、私との関係を絶った。ゴネラ自身についていえば、彼が私の調査に注目したことは一度もない。それは、私たちがトリノで布屑とテープを調べた際に同席しなかったためであろう。彼は複雑な思いを懐きながらも、聖骸布は本物ではないと考える方向に傾いている。板ばさみの状態にあると言えるだろう。

私としては、この問題はすでに決着がついている。どんなに手を尽くしても説得できない人間がいるのである。だが、私は彼らも尊重したい。アドラーは自説を撤回することはなかろう。ドナヒューもそうである。マクローンもそうである。私自身、彼らの考えを変えようという気持ちはない。

私はバイオプラスチック膜に関心を懐いがために、この調査を行なったのである。そして、ニューヨークの鑑定家を称する人々と対決した際に、古器物の風化作用を徹底的に調べるのが最善の方法であることを悟った。私の研究を受けとめる人々がいれば、それでよい。また、受けとめることを拒んだとしても、それはそれでよいのだ。

私たちは自由な社会に生きているのだから、誰にもこの成果を押し付ける気持ちはない。科学者としての私の責任は、自分の発見を報告することにある。私は医師として人に向かうときには、自分の診断を患者に伝え、回復する方法を教える。だが、相手が回復するよう強制することはできない。患者が処方薬を服用しなかったとしても、患者にはそうするだけの自由があるのだ。だが、そのような人は、夜中の二時に私をたたき起こして、往診を求めるべきではなかろう。

とはいえ、どのようなことも、きれいで隠し事のない、開かれたものにするべきである。それを故意に難しくしようとする人々の気持ちが、私には理解できないのである。

第12章　聖骸布をめぐる政治的陰謀

一九九八年六月二十一日、父の日の日曜日に、アナスタシオ・バレストゥレロ枢機卿はイタリアで帰天した。

バレストゥレロ枢機卿は生涯をかけて、聖骸布を擁護するべく努めた人だ。その一〇年前、彼は炭素測定を受け入れるよう政治的圧力をかけられた。一九八八年十月十三日木曜日、聖骸布が中世の年代（一二六〇〜一三九〇年）であることを記者会見で公表しなければならなかったとき、彼がどれほどつらい思いをしたことか。彼の死とともに、聖骸布研究の黄金時代は終止符を打った。その前の週、二十世紀における四度目の聖骸布の公開が終った（聖骸布は一九九八年四月十八日から六月十四日まで公開された）。バレストゥレロ枢機卿の存命中に、サルダリニ枢機卿かドン・ジセッペ・ギベルティが私の研究を認めてくれていたら、と悔やまれてならない。

バレストゥレロ枢機卿が引退してからも、私は、聖骸布について自分が行なってきた科学研究を一つ残らず彼に通知し続けた。聖骸布から採取された亜麻の年代が中世であったという説を受け入れない科学者たちがいるのは、彼もよく知っていたはずだ。

一九八八年の一般公開のとき、私はトリノにいた。一九八八年四月十八日土曜日の午後四時、洗礼の聖ヨハネ大聖堂で行なわれた聖骸布荘厳ミサで枢機卿が語った言葉が、私にとってどれほど辛かったことか。ブルーノ・バルベリス教授の好意によって、ミサの間、私は枢機卿のすぐそば（一〇メートルと離れていない所）に座っていた。枢機卿の言葉は、今も脳裏に焼き付いて離れない。

「それは聖遺物ではありません。キリストの御受難を象徴する肖像であり、私たちの目をキリストに向けさせる奥義の一つに過ぎません」

聖骸布を守る人の言葉とは、とても思えない。一九八〇年四月十三日にトリノで行なわれたミサで、教皇ヨハネ・パウロⅡ世自らが話された言葉と、何と異なることだろう。教皇はトリノ聖骸布を宝物と見なし、「聖骸布ほどに尋常ならざる神秘に満ちた聖遺物はほかにない」と公の場で語ったのだ。

これを報じたペトロッシロは、一九八九年四月二十八日、マダガスカル御訪問の教皇ヨハネ・パウロⅡ世に同行した。彼は教皇に尋ねた。

「聖骸布は、聖遺物ですか、それとも肖像でしょうか」

教皇はこうお答えになった。

「確かにそれは聖遺物です。それを覆すことはできません。聖遺物でないとすれば、それを取り巻く信心を理解することはできません。これは、証拠よりも、科学者の組織の反証よりもなお強力な証言です」

ペトロッシロはまた、彼とE・マリネッリがポーランド語訳の彼らの著書を手渡したときに、教皇がこのように話したと報じている。

「聖骸布を通して使徒職を維持することは、とても大切なことです。これは、主ご自身が、秘蹟に準ずるものとして私たちに残されたものなのです」

同じ日、すなわち一九九八年四月十八日、ピエロ・サバリーノ教授の好意により、私はミサが行なわれる前に、一時間以上にわたり、五メートルの至近距離から聖骸布を調べた。このときには、余裕をもって像を調べることができた。布に現われている像から得た印象は、染みの複合が人の姿を形成しているというもので、人間が描いた絵ではなかった。

P・バーネットは、その著『カルワリオの医師』のなかで次のように書いている。

「一九四二年、パリの聖ヨハネ病院の薬剤師、J・ボルクリンガーは、花や葉などの植物の標本を本やノートのページにはさむと、自然に像が形成されると報じた。標本が一〇〇年以上保存されていた場合に限り、このような像が紙（植物性繊維）の上に現われる。像は複数の染みから自然発生したもので、この染みは聖骸布（植物性繊維）に像をつくり出しているものに類似している。この種の草の像には聖骸布像と同じく、写真の陰画に似た性質が見られる」

　聖骸布荘厳ミサのあと、私はジョバンニ・サルダリニ枢機卿と握手する機会を得て、自己紹介をした。前日の四月十七日、サルダリニ枢機卿の秘書ドン・ルチアーノ・モレロに、本書の原稿の摘要を渡していた。彼と初めて会ったのは、五年前の一九九三年五月である。

　私は、聖骸布像の後頭部から血とともに木の細管（被子植物あるいは堅材）を発見したと彼に話し、発見の重要性を説明した。十字架に使われた木材が、これまで信じられてきたマツ（裸子植物あるいは軟材）ではなく、カシの木であることを証明することになるからだ。ドン・モレロは、一九九八年六月五日から七日までトリノで開催される、国際シンドノロジー会議で、木片に関するこの新発見を発表するよう強く求めてきた。トリノで三日間を過ごしてから、私は自分の医学研究を続けるためにサン・アントニオに戻り、六月の会議のためにトリノに行く計画を練った。

　帰国して一週間ほどすると、テストーレ博士からファクスが送られてきた。シンドノロジー会議が始まる前日の六月四日に工芸大学で講演をしてくれとの依頼だ。テストーレは、一九八八年四月二十一日に聖骸布からサンプルが採取されたときに現場に立ち会い、炭素測定用にカットされた聖骸布の切片を計量した人である。

　私はシンドノロジー会議で論文の要約を発表できるよう数カ月前から依頼していたが、委員会からは何の連絡も来なかった。そこで、私の出席を決めた当事者で、会議代表の任にあるバイマ・バロンに直接電話を入れることにした。すると、彼は新しい摘要を求め、五分間だけ話す時間を与えると答えた。新しい摘要を送り、ふたたび電話すると、今度は論文の発表に一〇分間を与えると言われた。私は講演の要請を受けて、六月五日に、「聖骸布の微生物学」の演題で講演を行なった。

昼食後、私たちは国際産業会館での会議のオープニング・セレモニーに出席した。イタリア大統領、それにトリノ大司教のジョバンニ・サルダリニ枢機卿が列席していた。科学者たちによる講演会がその晩に催された。開催前に、大統領とサルダリニ枢機卿は会場を去った。

講演会が始まるやいなや、フランスとイタリアの研究者のあいだで激しい論戦が展開された。A・ウペンスキーは、論文を披露しているうちに持ち時間を超過してしまった。座長を務めるバイマ・バロンが打ち切りを求めたが、ウペンスキーは無視し、最後まで話すと答えた。そこで、バイマ・バロンはウペンスキーの使っているマイクと映写機の電源を切るよう命じた。ウペンスキーはマイク無しで話し続け、聴衆からはブーイングが湧き起こった。かなり不愉快な状況である。それは五〇年前、私がまだ子供だった頃に起きた、映画館での事件を思い起こさせた。突然、映写係が電源を切ったのだ。映写係に向かって、観客席からいっせいにブーイングが湧き起こった。ウペンスキーの一件は、この会議の性格を象徴するものだった。

翌日、六月六日の朝の会合で、私が「ゴルゴタの樫の木」を発表する時間が来た。ところが、バイマ・バロンは、私の前に発表を行なうことになっていた三人を不意に退け、代わりに私を演壇に呼んだ。事情が分からぬまま、私は静かに自分の発表を終えた。私が話し終えると、バイマ・バロンは、ドン・ジセッペ・ギベルティに予定にはない原稿を読み上げさせた。そのなかで、私の研究は不当なものと決め付ける、サルダリニ枢機卿の公式声明文が読み上げられた。

のちに、私は何度となくギベルティ神父に電話を入れて対話を試みたが、彼は私の申し出に一度も応じなかった。私が調べた聖骸布のサンプルは、リッジとテストーレが切り取った三つの部分であり、それらは不当どころか、正真正銘、正当なサンプルなのである。

二十世紀も終ろうとする今でも、政治的な思惑から、科学的発見を闇に葬ろうとする人間がいるのだ。私には理解できないことだが、少なくとも、宗教裁判がないだけ、有り難いと思うべきだろう。これが復活しようものなら、私はガリレオよりも悲惨な運命をたどることは間違いない。彼は口を封じられただけだったが、私は火あぶりの刑にされることだろう。

この著作は、私のトリノ聖骸布研究の、最後を飾ることになるかもしれない。だが、私は自分の研究と発見を誠実に報告しなければならないのである。たとえ、それが自分の命を危険にさらす性質のものであっても。

第13章　ゴルゴタの樫の木

ナザレのイエスの受難を取り巻く出来事のなかでも、磔刑《たっけい》ほど、人の思いに深く迫ってくるものはない。イエスの磔刑の正確な状況については多くのことが推測されているが、福音書が私たちに告げていることを除いては、イエスの最後の出来事について、確実に言えることはほとんどないのが現状だ。聖骸布の調査を進めるなかで、私は、特に磔刑の状況に関していくつかの糸口が見えてきたとの希望を懐くようになった。

古代には、極刑が普通に行なわれていた。とりわけ残酷な「磔刑」は一番よく使われていた方法の一つだ。罪人は木か十字架に縛られ、あるいは釘付けにされて、死ぬまで放置された。この人目につく、時間のかかる処刑は、他のどんな手段よりも効果的な抑止力になった。

古代ペルシャ人、アッシリア人、ギリシャ人はみな、定期的にこの種の処刑を行なったが、特に目立ったのはローマ人で、彼らは帝国全域にわたって磔刑を採用し、売国奴や不従順な奴隷、暴力的犯罪者を処罰するのに、この処刑法が普通に用いられていた。

どの程度それが使われていたかを知るには、例えば第一世紀に、スパルタクスの叛乱に加わった六〇〇〇人の奴隷が磔刑に処されたことを指摘すれば十分であろう。歴史家のフラビウス・ヨセフスは、ローマ皇帝ティトスが、エルサレム包囲の際に毎日五〇〇人のユダヤ人を磔刑に処したと記録している。

だが磔刑は、ローマ人が登場するまでまったく知られていなかったというわけではない。極刑に処された重罪人の遺体は、神に呪われていることを示すために木に吊るさなければならない、とユダヤの律法に定められていたからである（申命記二一22‐23）。

古代ローマの磔刑は、まず罪人を鞭打ちにして、「パティブルム（十字架の横木）」を担がせ処刑場までこれを引かせることに始まる。罪人は全裸にされて自分の担いできた丸太に釘づけにされ、丸太は地面に垂直に立てられた「スティペス（縦木）」に取り付けられた。

パティブルムの中央には通常、スティペスのほぞを埋めるほぞ穴がついていて、これで接合が完全になった。この基本的な要因以外では特に決められたことはなく、罪人をどの程度苦しみに遭わせるかについての判断は、処刑人にまかされていた。罪人が即死することはめったになく、ゆっくりと、ときに数日間の苦しみを経験してから死は訪れた。罪人が死ぬと、その遺体は見せしめのために何日間も十字架の上で放置された。

木材は非常に少なかったため、多数の磔刑を行なっていたローマ兵は、手近な木であれば何でも使った。当時、樫の木はパレスティナに最も広く分布する木であった。その理由から、多くの人々が、イエスは樫の十字架に付けられたと理論立ててきたのだが、この考えを支える証言もなければ物証もなかった。

歴史を通じて、多くの人々が、ゴルゴタのイエスの磔刑の場から発見されたという「真の十字架」その他の遺物を所有していると主張してきた。ローマ・ラテラノ宮殿、「エルサレム聖十字架大聖堂」にあるパティブルムは、イエスとともに十字架につけられた「良い盗賊」の十字架の一部であると信じられている。このパティブルムには先ほど説明したほぞ穴がついているのだが、あとで説明するように、これは正しい寸法ではないのである。

リッジが聖骸布の人の後頭部から血を採取するのに使った粘着テープの一片に、樫の木からはがれたと見られる木の細管がいくつも発見されている。このことは、聖骸布が真実のものであるとすれば、ナザレのイエスがゴルゴタに引かされたパティブルムは樫の木材であったことを明らかに示している。

第14章　教皇ヨハネ・パウロII世との謁見

一九九八年六月の国際シンドノロジー会議で屈辱を味わってからも、私は状況がきっと好転するだろうと感じていた。私の研究は正式なものではないとの教会権威筋の書類がドン・ギベルティによって読み上げられたときには、確かに挫折感を味わった。さらに、私のサンプルが本物ではないという男がやってきて、この男がサンプルを一度も見たことがないにせよ、挫折感はいっそう募った。このような経験を通して、私は聖骸布の科学的な面に関して人に頼ることに極力注意するようになった。私のヒスイは偽物だと言ってきた、あの古物鑑定士の言葉が思い出される。

遡《さかのぼ》って一九九三年十二月、私は教皇ヨハネ・パウロII世に『トリノ聖骸布を覆うバイオプラスチック膜――予備的調査報告』を送付していた。そこで、過去五年間における発見を含む本書の原稿を教皇に献呈しようと思いたった。直接手渡しできるのが理想的である。そのような機会が、私の聖骸布研究にとって大きな前進になることは間違いない。

私は、教皇との謁見を取りまとめられるローマの要人を知るジョン・A・レイエス神父にこの抱負を語った。教皇は、私がローマ行きを考えていた週に、カステル・ガンドルフォの別荘で休養する予定であることが判明した。だが、日曜日のカステル・ガンドルフォ、水曜日のバチカンの「パウロⅥ世謁見の間」でお目にかかれる人は極端に限られているため、私が謁見できる可能性はほとんどないと言っていい。

私は根っからの楽天家なので、あらかじめ謁見の計画を立てることもなく、ローマ行きを決行した。一九九八年七月二十三日木曜日にローマに向けて飛び立ち、ヴィラ・ボルゲーゼのアルドロヴァンディ・パレスホテルに投宿した。土曜日、プレフェットゥラ・デラ・カーサ・ポンティフィチアへ行き、柱廊の右端にある青銅の扉を潜り抜けた。ここは使徒宮殿へ通じる中央玄関である。ジョン・ボルドウィン修道士に『The DNA of God ?』の原稿を二冊手渡すと、彼は翌週の水曜日にパウロⅥ世謁見の間で教皇に直接手渡してみるといい、と進言してくださった。私は正式な要望書に必要事項を書き込んだ。

自分が運良く謁見の間に入れたとしても、直接教皇に挨拶することを許可されるとは限らない。この大ホールは九〇〇〇人を収容する広さがあり、水曜日の謁見では四〇〇〇人の巡礼者が、ここに集まることになっていた。この四〇〇〇人のなかで、教皇に謁見し、直接握手を交わせるのはたった五〇人で、その人たち用の特別席（プリマ・フィラ）が用意されている。私はローマ行きと同様の楽観的考えから、これら五〇の座席の二つを願い出た。謁見が許可されれば、火曜日に投宿先のホテルに知らせが入ると説明された。

この後、私たちはラテラノ宮殿にある「エルサレム聖十字架大聖堂」へ足を延ばした。キリストの受難にまつわるいくつかの聖遺物と、「良き盗賊の十字架の木」が祀られている場所である。キリストの受難の聖遺物は、教会の中央ネーブ左側に位置する、聖遺物聖堂に保管されている。

この聖堂に足を踏み入れるとすぐ、長さ一・七八メートル、幅一三センチ、厚さ八センチの、「良き盗賊の十字架の木」が目に入る。ほぞ穴は広い面の中央にあったが、これはほぞ穴には相応しくない面だ。直径は三センチほど。盗賊を釘付けにしたパティブルムをスティペスの上部に掲げ、ほぞにはめるには、あまりに小さすぎることにすぐに気がついた。実用的でないことは明白であり、私はこの遺物の真実性に多くの疑問を懐いた。

聖遺物聖堂の次の部屋への入り口は、十字架型になっている。ここは今世紀初頭に、フロレスターノ・ディ・ファウストが設計したものだ。大きなガラスケースに保管されているキリストの受難の聖遺物は、次のようになる。

- 真の十字架から取られた三つの木片
- ＩＮＲＩの刻印とともに十字架の上に掲げられたという罪状書（ティトゥルス）のかけら

・イエスの磔刑に使われたという釘
・冠から取られたイバラ
・聖墳墓とイエスの鞭打ちの柱のかけら
・聖マテオ（マタイ）の右手薬指

私はこれらの遺物を慎重に調べ、その出所に関するどんな手がかりも見逃すまいと、接写レンズを使って写真撮影も試みた。

だが、私は自分のしていることが正しいことなのかどうか分からなくなってきた。このような遺物の信憑性を科学的に証明、あるいは反証しようとしている自分は何者なのか。私の研究は、一五年前に古代マヤの工芸品の年代を証明する科学的方法を探るなかで開始されたのである。だが今や自分がその範囲を超えて、信仰の対象となっているすべての遺物を、白日の下にさらそうとしているように思えてきた。このようなキリスト教の遺物を調べることによって危険な道に入り込み、気づかぬうちに身動きがとれなくなっている自分に気づいた。

大聖堂を訪問してから、私たちはナボーナ広場へ行った。ここで、孫のソフィアとアレクサンダーは、画家に木炭画の似顔絵を書いてもらった。それから、懐かしいレストランで、フェットチーニとフラスカーティ・ワインで夕食をとった。一九九三年六月のあの日、「アリベデルチ・ローマ」の歌と伴奏を聞きながら、故セルバンテス神父と食事を共にした場所である。

日曜日、私たちはオスティアへ行き、海水浴を楽しんだ。美しい浜辺だったが、砂浜は裸足で歩けないほどに熱かった。ローマの人魚たち——トップレスの女性——が何人も泳いでいる。こんな光景に驚くのは、私のようなよそ者ぐらいだ。人魚の一人が二メートルも離れていないところで海から上がり、突然私の前に立った。横にいた六歳になるソフィアが私を見上げて言った。「おじいちゃん、どうしたの。そんなに青い顔して」

翌日の月曜日にはサンタ・マリア・マッジョーレ大聖堂を訪れた。真の十字架聖堂を「エルサレム」とすれば、サンタ・マリア・マッジョーレは「ベツレヘム」である。この教会には幼子イエスの飼葉桶の遺物がある。

サンタ・マリア・マッジョーレは、ローマの七丘の一つ、エスクィーリ丘の頂上に建てられている。中央ネーヴに入るとすぐに、中央祭壇にサン・ピエトロ大聖堂に似た「バルダッチーノ」（天蓋）が見える。このバルダッチーノの上に「エフェソスの勝利のアーチ」と書かれた大モザイクが見える。エフェソス公会議を祝うために建てられたものだ。成立の時期はＡＤ四四〇年で、大聖堂で最古のモザイクである。

脇にある礼拝堂の一つ、「セシィ礼拝堂」とも呼ばれるアレクサンドリアの聖カテリーナ礼拝堂に私の注意は引き寄せられた。祭壇上にかけられている聖カテリナの絵に、「タウ十字」に架けられたイエスの磔刑の場面が描かれていたのだ。

火曜日の朝にはサンタ・サビナ教会を訪れ、教会の中央扉に描かれている第五世紀に製作された磔刑の場を描く鏡板を写真に収めた。この板はイエスの磔刑を描く最古の遺物の一つで、両腕を延ばしたキリストと、左右にやはり両腕を延ばした二人の盗賊の姿が彫られている。

昼食後、教皇との謁見が許可されてプリマ・フィラに座る幸運を得たかどうかを確かめようと、ホテルへ戻った。長く待たずにすんだ。午後二時を回ったころ、謁見とプリマ・フィラへの招待状が届けられたのだ。何という幸運であろう。『The DNA of God ?』の原稿を、ついに教皇に手渡しできるのだ。

水曜日の朝八時、私と妻のマリア・デル・ソコロは、バチカン、パウロⅥ世謁見の間の玄関に到着した。私たちはプリマ・フィラへ導かれ、そこで全世界から集まった巡礼者たちの歌う聖歌を楽しんだ。巡礼者の数は四〇〇〇〇人を超える。メキシコの大きな一団が、国旗を掲げて聖歌を歌っていた。

九時半、教皇がゆっくりと謁見の間に入場してきた。かなりお疲れの様子である。教皇ヨハネ・パウロⅡ世は一九二〇年五月八日の生まれである。教皇は、今世紀のもっとも優れた思想家の一人に数えられるだろう。一〇億人を超すカトリック信徒の指導者であるほか、一三の回勅を書かれている。その三つは社会改革に関するものだ。

高校、そして大学時代、私はメキシコの青年カトリック活動組織（ＡＣＪＭ）に所属していた。ＡＣＪＭは信仰と研究、行動を推進するために一九一三年に結成された組織である。一九二六年から一九二九年にかけてメキシコで起きた戦争で、カトリックの大迫害が起きた。このときに数千人のメンバーが命を失なった。この迫害は「クリステロスの戦い」とも呼ばれた。それは、戦士たちが戦いのなかで「ヴィヴァ・クリスト・レイ！」（王なるキリストよ、永遠なれ！）と叫びながら死んでいったからだ。

ACJMの会合では、バチカンから送られてきた重要な社会改革の回勅を学んだ。特に興味を覚えたのが、一八九一年に教皇レオ13世が著した『レルム・ノバールム』、一九三一年にピオ11世が著した『クアドラジェシモ・アンノ』であった。

教皇ヨハネ・パウロⅡ世が書かれた一三の回勅のうち、三つは直接的社会改革に関するものである。自分の経験から、私は社会改革が大切な論点であると考えているため、ヨハネ・パウロⅡ世の重要な文書が正しく顧みられていない、と感じられてならない。

教皇ヨハネ・パウロⅡ世との謁見は、約二時間続いた。その終りに、プリマ・フィラに座る人々は前に進み出て、教皇と握手をすることができる。私は段を上がり教皇の前に進み出る一〇番目の人間だった。

私の番がきたときに、謁見者を紹介する役の枢機卿が身をかがめると、教皇は言われた。「ルイ・ア・スクリット・ウン・ベリッシモ・リーブロ」（彼は素晴らしい本を書いている）

私は教皇と握手を交わし、原稿を差し出した。教皇は優雅な面持ちでこれをお受け取りになった。私の聖骸布研究における、まさに最高の一瞬であった。

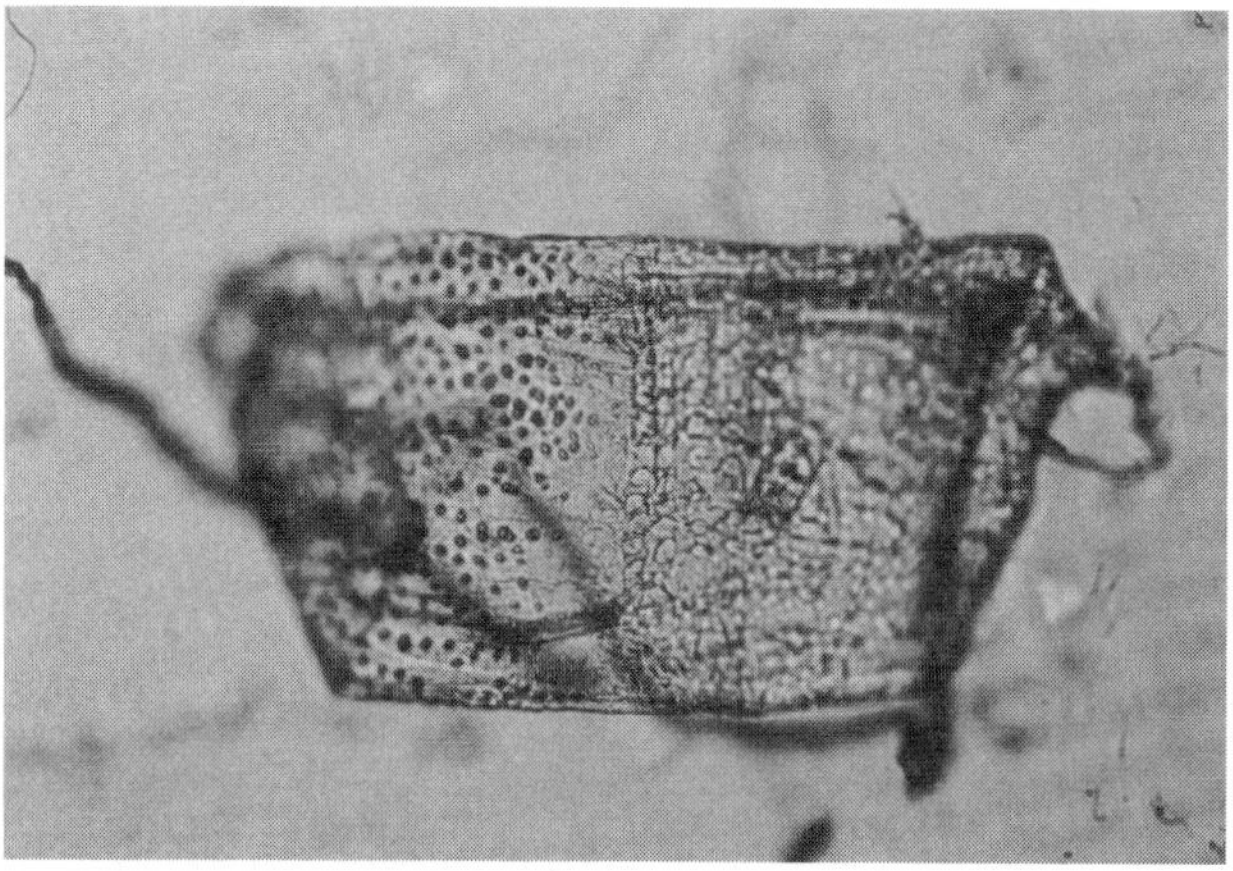

聖骸布像の背面胸部から発見された樫の細管

1998年7月29日、教皇ヨハネ・パウロⅡ世に
本書の原稿を渡す著者と夫人

第15章　聖骸布に未来はあるのか

科学研究と政治的かけひきとは、まったく別な世界である。太陽の光が指一本で隠すことができないように、どんな小細工を弄しようとも、私には聖骸布の真実は最初から明白だった。私は、亜麻に付着した予想外の不純物が、炭素年代測定を誤る原因になっていることを知った。それは、自分が調べた古代マヤの遺物を覆う皮膜に類するものだった。

また、炭素年代測定が申し分のない情報を私たちに提供できているとは到底思えなかった。私はマヤの古器物の年代が誤って決定された理由を知っていたため、炭素学者が中世の年代を打ち出してきても、聖骸布への信念をぐらつかせることはなかった。

私にとって聖骸布の謎は明らかである。そこに浮かび上がった像は、細菌の存在という自然な現象によって生じたのである。その細菌が活動を保護するために、有機的なプラスチックの皮膜をつくり出したのだ。

これほどすっきりした説明はない。バイオプラスチック膜の存在については疑う余地はない。繊維が消費されてしまえば、空になった管だけが後に残ることは明白なのだ。

だが、専門科学での経験がないばかりに誰かがそれを疑ったとしても、私はその人をも尊重しよう。

プラスチック膜をつくり出した細菌が像を保護し、聖骸布の亜麻布を保存する役割を果たした。聖骸布は自然にプラスチック化された布なのである。これらの細菌がいつまでその保護活動を続けられるかについていえば、それは人間の決断にかかっている。

私の研究は、カトリックの一部の権威者、すなわちトリノの権威者によって阻止された。だが教皇は、私への書簡で研究の中止を求めてはおられない。教皇ご自身に直訴する気持ちはさらさらない。今の研究で十分満足しているからである。私は今後も微生物学の研究を続行し、バイオプラスチック膜を生み出す細菌のメカニズムを探りたいだけである。すでに培養は進められており、この作業を阻止できるものはない。

今後の研究は、細菌と、聖骸布の背面から検出された木屑に集中することになるだろう。聖骸布の上に繁殖する各種の細菌とカビについて知り尽くし、もっと多くの木屑を含むかもしれない、肩や頭の部分を調べる必要がある。

私がすでに分離することに成功した細菌は、Ｐｈの極端な環境においても繁殖を続けている。そのいくつかは、極端なハロアルカリ耐性（「過塩性、過アルカリ性の環境で増殖できる」の意）

を持つ細菌だった。また、レオバチルス・ルブルスのようなポリマー（PHA）、すなわちポリプロピレンに類するプラスチックを生産するほか、聖骸布をカビから保護する抗菌物質を生産する細菌もいた。

これは、聖骸布にカビが存在しないことを意味するのではなく、他の古器物に見られるほどには、カビが厚く分布していないという意味である。私はこれら抗菌物質の分子構造を調べることに関心を深めている。聖骸布に発見した細菌の一つは、天然炭酸ナトリウム（炭酸ナトリウムと重炭酸ナトリウム、平たくいえば洗濯ソーダと重曹の混合物）の上でも繁殖する、極端なハロアルカリ耐性の種類で、これは古代エジプト人がミイラ処理のために使っていたものだ。

私は、天然炭酸ナトリウムで繁殖する細菌の培養に成功したときに、細菌のなかには、天然炭酸ナトリウムを食べて増殖するものもいるのだ、とリッジに話した。彼は、聖骸布には天然炭酸ナトリウムの残留物も見つかったと報じているが、この報告は正しい。新約聖書によれば、ナザレのイエスの埋葬にあたって香料が使われた。その香料のなかに天然炭酸ナトリウムが含まれていたことが考えられる。それが乳香と混ぜて使われた可能性はきわめて高いのである。

要点は、天然炭酸ナトリウムは脱水剤としてだけでなく、芳香剤としてもよく使われていたということだ。古代イスラエルでは、天然炭酸ナトリウムを含む香料が多く使われていた。聖骸布だけではなく、他の古代の埋葬布についても、この面での調査をする必要があるだろう。

一九七八年、マックス・フレイが聖骸布から花粉のサンプルを採取した際、ＳＴＵＲＰは大きなミスを犯したと私は思う。彼の仕事は無視された。だが私にとっては、彼はバーベットやヴィニオンとともに、聖骸布の最高の研究者の一人に数えるべき人である。科学者たちにとって、花粉は不愉快なテーマであった。それは、フレイが見事な仕事をしたために、彼の功績を認めたがらない人が多かったからである。

私の研究はフレイの発見の多くを裏付けている。フレイと同様に私も花粉を検出したが、同時に「ファイトリス」も検出している。これは花粉のように風に運ばれて旅することがないので、聖骸布が移動した場所を特定する大切な要因になるだろう。この面での研究をいっそう進めることが必要だ。

私は今も、聖骸布の細菌が生産するプラスチック（貯蔵ポリマー）の研究を進めている。このPHAにはいくつか種類があり、どれも異なった物理的特性をもち、酸、酸化物、温度に対する抵抗力はみな異なる。さまざまな古器物を覆う皮膜は、わずかな違いしか認められないことが、いずれ分かるだろうと信じる。皮膜の外観は、繁殖条件と細菌の特性にかかっているからである。これら細菌の一部は、ベータオキシ酪酸を主成分とするプラスチックを生産し、一部はベータオキシ吉草酸を主成分、また、カプリルベータオキシ酸を含む中鎖ポリマー（mcl - PHA）を生産するものもある。

私は、聖骸布からの培養物で行なった実験から、ポリハイドロキシアルカネート（PHA）が耐熱性のものであることを知った。これが聖骸布をたび重なる火事から守ってきた物質なのである。

とはいえ、このPHAの正確な構造を掴《つか》むまでは、科学報告をするつもりはない。私はバイオプラスチック膜が存在することを知っているし、ポリマーの通称がPHA、あるいはポリハイドロキシアルカネートであることを知っている。だが、それを報告する以前に、聖骸布のポリマーの特殊構造を把握しなければならない。そのために、オランダ・ウェーゲニンゲン大学のエジンク博士からの報告を待っている。彼は目下、培養物が生産したサンプルの分析に取り組んでいる。その結果を目にするのも遠くないと思う。

私の論文は、すでに三つのシンポジウム——アメリカ人間遺伝子学会で一度、アメリカ微生物学会で二度——の出版物に顔を見せている。シンポジウムは、ワシントンとニューオリンズで開かれた。それは長い論文ではなく、要約にすぎない。

科学雑誌『ニュークリアー・インストルメンツ・アンド・メソッズ』には、ゴーブ教授、マティングリー教授、ロザリン・デビッド博士とともに、ダニーミイラに関する発見を報告した。記事の見出しは、「亜麻布の有機汚染源の問題」である。

オランダでの研究結果が利用できれば、『サイエンス』にも記事を載せるつもりだが、特に急いではいない。同業者の評論があってもなくても、バイオプラスチック膜が繊維に存在することは事実なのである。科学評論で報告されていないからといって、バイオプラスチック膜の存在を疑う人がいれば、それは誠意を欠いているか、さもなければ自分でものを考えられない人であろう。

二〇〇〇年の古さのどんな布でも、たとえ種類は違っていても、PHAの証拠を確認できる。無菌状態にしない限りは、それをなくすことは不可能だ。聖骸布のPHAは断熱効果があり、生分解性にも富むため、人類に役立つことが今後判明するだろう。もっとも、その活用は多岐にわたるので、正確な分子構造を発見することが大切になる。むろん、一番にしなければならないことは、不純物をいっさい含まぬサンプルを炭素測定にかけ直してみることだ。

私たちは、バレストゥレロ枢機卿在職中の一九八八年に採取された聖骸布の一部を、サルダリニ枢機卿が所持していることを知っている。現職の枢機卿による祝別の下に、このサンプルを調べるべきである。許可が与えられれば、私たちはよく管理された公式の場で、以前行なったのと同じテストを繰り返すつもりだが、燐酸塩のような有機化合物のない緩衝材を使うことになろう。そのときには、結果を得る前に聖骸布の一部を不必要に破損したりしないよう、「ミイラ一七七〇」のような他のサンプルで、最初に洗浄を試すことになるであろう。

セルラーゼ酵素で分解して得られたサンプルは化学分析にかけ、不純物を含まぬ純粋なグルコースになっているか、細菌や酵素からのタンパク質を含んでいないかどうかを、まず確かめておく必要がある。このような不純物が最後の粉末に一つでも含まれていれば、炭素測定という最終段階に持っていくことはできない。だが私たちは、あらゆる防護策をとったうえで、細菌、カビ、バイオプラスチック膜など、最初の炭素測定をすり抜けた不純物を完璧に除去する洗浄法を把握している。この方法をとれば、トリノ聖骸布の真実性を実証する年代が得られるであろう。

最後に、もっとも重要な仕事が残されている。この「奇跡の布」をいかに保存すべきかということだ。大聖堂と聖骸布の保管所の周辺を焼いた一九九七年四月十一日の夜の火災以後、聖骸布そのものは、ひそかに他の場所に保管されてきた。だが、二〇〇〇年八月にふたたび一般公開されることになっている。私は、カテドラル側が、酸素を抜いた環境で聖骸布を保管し、一般公開する案を出したと聞いている。一九九八年四月から六月にかけての展示では、聖骸布はアルゴンガスのなかで保存されていた。

だが私の見解では、このような環境は聖骸布にとってきわめて有害なのである。私が聖骸布から分離することに成功した細菌、レオバチルス・ルブルスは、酸欠状態で特に増殖するからだ。この細菌は、不活性な環境でも繁殖する、いわゆる「条件嫌気菌」である。このような保管方法は、細菌の生態系のバランスを壊し、像の歪みを加速させることにつながる。その他、いまだ特定できていない破損要因が、他に潜んでいる恐れもある。

そこで、聖骸布の微生物学的研究をもっと進める必要があるだろう。私が一九八八年のサンプルしか検査できていないことを思い起こしていただきたい。神の定められた環境を変えることはきわめて危険である。人間が干渉すると、自然みずからが守ってきたものを破壊する恐れがあるのだ。

私たちはすでに、普通の条件の下で展示されている聖骸布の色彩に変化が起きることを目にしている。これは、微好気性の細菌が起こす現象である。この細菌が発見されたのは初めてのことだ。培養実験で私を助けてくれたサンタ・ロサ病院研究所の技術者たちは、「神の細菌か！」と冗談を飛ばしたが、彼らはこの種の細菌の活動を初めて目にしたのであった。聖骸布がむき出しのまま展示されれば、像はこれまでよりずっときれいに輝くだろう。

過去の二度の公開では、聖骸布は容器に納められていた。一九七八年には窒素を満たした容器が、一九九八年の展示ではアルゴンガスの容器が使われたのだが、このやり方では聖骸布を覆う微生物のバランスを壊す恐れがある。そのようなことにならないことを祈りたい。さもなければ、私たちは一生後悔することになるであろう。

＊

私たちは今、不可知論の時代に生きていて、宗教も含め、何ごとも科学的証明に頼る傾向がある。聖骸布がその力を発揮するのに、まさにうってつけの時代といえよう。かつては聖骸布への信仰によって、人々は疫病や災害のなかでも霊的に強められた。現在私たちは、エイズという新たな疫病をかかえている。推定四〇〇〇万人、毎日一万六〇〇〇人の新しい患者をつくり出している病だ。

聖骸布に対する崇敬と神への信仰は、このような危機や、その他多くの危機を私たちが乗り越えるのに役立つと私は信じている。神のお与えになったこの奇跡の像を、不注意に壊してはならない。これまでの二〇〇〇年間と同じように、聖骸布の保護を細菌に任せておく必要があるのだ。

第II部　聖骸布を科学する

第1章　聖骸布の医学鑑定

「トリノの聖骸布はいまだ謎に包まれているが、断じて、人の手による作品ではない。それだけは明言できる。謎に包まれているというのは、いまだ多くの問題が、未解明のまま残されているという意味である。だが、他の何ものにもまして聖なる遺物であることだけは、確実に言えるであろう。キリスト教徒の信仰の観点を別にしても、それが人間の作品ではないことだけは、今やはっきり確定されるにいたった」

——教皇ピオ11世『オッセルバトーレ・ロマーノ』一九三六年九月七日号

トリノ聖骸布の像を正面から眺めると、左手を上に恥骨部分で両手を重ねて立つ、男性を見ているような印象を受ける。口は閉ざされている。長く、中央で分けている髪の毛が、左右の肩へ垂れている。筋肉質で、髭は二股に分かれている。髪は長く、背面を見ると、ポニーテールのように束ねられているのが分かる。

顔には、いくつか腫れた部分がある。右頬に見られる打撲傷は、折れてやや変形しているかに見える鼻の軟骨部へ広がっている。右目にも、もう一つの打撲傷が認められる。頬骨は傷ついて腫れあがっているかに見え、両鼻腔から滴《したた》る血の痕があり、左鼻腔は腫れて変形しているように見える。左頬の下へ血が流れている。右頬骨の腫れが、目の一部を隠している。短い髭に、血の塊が多くこびりついている。

……鞭打ち……………

からだの両面に沿って、幅約三センチの皮膚の傷跡が、多数認められる。これらは、ローマ人が使用していた拷問用の鞭、フラグルムによるものとされている。聖骸布の人は裸体である。尻と両脚、腰に見られる傷跡は、からだの他の部分に見られるそれと、同じ形と深さになっている。鞭打ちの刑にあたって、イエスがどんな姿勢をとっていたのかについては、意見が分かれている。短い柱の上に両腕を載せ、うつ伏せになっていたという人もいれば、垂直に立てた高い柱に縛り付けられていた、と考える人もいる。

フラグルムを打ちつけられるたびに、皮膚は出血を起こした。ナザレのイエスに使われた鞭は、先端に二個の小さい金属球をくくりつけた、細く硬い三本の紐からなっていたと考えられている。拷問によってできた傷跡は、斜めからの打撃があったことを示している。打撃の角度は二方向に分かれているため、二人の処刑者がイエスを鞭打ったものと考えられる。おのおのフラグルムを手にする処刑者が、イエスの両側に立っていたのであろう。受刑者からの距離は、約一メートルと計算される。傷跡の数はおよそ一二〇カ所におよび、ナザレのイエスの体は、頭の天辺からつま先まで血に覆われていた。

……イバラの冠………

聖骸布の人は、イバラでできた冠を被っていた。ミラノの法医学者、ジュディカ・コルディグリア博士は、この特殊な拷問によって受けた傷を次のように描いている。

「額とこめかみの高さのところに、頭部をぐるりと囲むように血の流れた跡がある。頭部に認められる傷の結果が、この出血部であると見られる。それが光輪のような形に分布しているのを見るに、冠かフード状のぎざぎざした鋭いものが、頭部に押しつけられて生じたものと推論できる」

ロダンテ博士は傷を細密分析して、とげが一つひとつ血管を破り、頭部を損傷したに違いないと指摘した。一つの血管が、同時に二つのとげによって傷つけられた可能性もある。

額と両こめかみに、鋭利なものによってつけられたと思われる貫通痕が一三カ所認められた。

後頭部の血は凝固して、ひと塊になっている。濃い毛髪に隠された血の痕跡をすべてたどるのは困難だが、前額部の貫通痕の数とその間隔から類推するに、後頭部にはおよそ二〇のとげが突き刺さっていたものと思われる。前頭部では凝固した血の流れが、ギリシャ文字のエプシロン（ε）に似た塊を形成している。これは、「聖骸布の真実を物語るしるし」と言われてきた。
もうひとつ重要な前額部の出血が、ジュセッペ・カセリ博士によって報告されている。

「これらの傷跡を分析すると、右こめかみと髪の生え際に小さな傷口があり、そこから血が二股に分かれて、流れ出しているのが分かる。一方の血は、ゆるやかな角度を作りながら毛髪の上を肩までつたい、もう一方の血は、額の上を眉まで垂直につたい落ちている。とげは、明らかに、こめかみの静脈から分岐する額の血管を傷つけている」

カセリ博士は、額中央の出血についてもコメントを加えている。

「額中央左側を眺めると、エプシロン形の出血痕が見える。血は均一な濃さで不透明、色は黒ずんでいる。それは静脈血の特徴を現わしており、前に述べた右こめかみの血とは明らかに異なる。ここでは、とげは明らかに額の静脈を傷つけている。この静脈は一本しかない場合もあるが、二本あるのが普通で、この場合もそうである。エプシロンあるいは数字の3を逆にした形は、苦痛のときの痙攣によって、前頭部の筋肉が収縮して形成されたものかもしれない」

うなじには一二の傷があり、その両側に出血の痕跡が見える。

……カルワリオへの道……

鞭打たれ、イバラの冠を被されたあとで、イエスは磔刑に処せられるため、牢屋から刑場まで十字架の木を引かされた。百卒長から指令を受けた四人のローマ兵（テトラディオン）に囲まれながら、イエスと他の罪人たちは刑場への道を進んだ。ローマ人が使った十字架は二つの部分からなっている。刑場に立てられるのはスティペスで、罪人が担がされる木はパティブルムと呼ばれた。

聖骸布の像背面には、右肩甲骨に肩の上へと延びる打ち傷が見られ、左側のもう一つの傷はもっと深い。このカルワリオ（エルサレム北東、町の外側にあるゴルゴタの丘）への苦しみに満ちた歩みのなかで、イエスは三度転び、膝と顔に大怪我を負った。コルディグリア博士は、このように述べる。

「特に興味を引かれるのが膝だ。右膝は左よりも損傷が激しいばかりか、いくつか違った形と大きさの擦り傷が認められる。その少し上の外側にかけて、円形の開いた傷口が上下に二つある。いずれも直径二センチほどである」

コルディグリア博士は、こう付け加えている。

「左膝にも擦り傷があり、さまざまな大きさと形状の剥離《はくり》が認められるが、右膝ほどの深い傷ではない。膝の傷はその方向と位置から、転倒がどこで起こったかをいくぶん暗示している。それは、まちまちな大きさの岩に覆われた、でこぼこした道である」

両脚に見られる皮膚の剥離と付着した泥は、彼が刑場まで裸足で歩かされたことを示している。ナザレのイエスは、服を剥ぎ取られてから、床に横たえられ、パティブルムの上で両手を杭で打たれた。それから、二人のローマ兵はイエスを立たせ、パティブルムをスティペスに差し込み、十字架からぶら下がるかたちに持っていったものと考えられる。

その体重からして、体が垂れ下がったときの両腕の角度は六五度と推定される。処刑人は次に、イエスの両足を縦の柱に釘づけにした。聖骸布の背面の像には、右足と左足の中央部と踵が完全に映し出されている。バーベット博士は両足を打ち付けるのに使われた釘は一本だけだと信じているが、コルディグリアは二本使われたと考えている。

……ナザレのイエスの死………

「そこには、酸いぶどう酒のいっぱいはいった入れ物が置いてあった。そこで、彼らは、酸いぶどう酒を含んだ海綿をヒソップの枝につけて、それをイエスの口元に差し出した」

——ヨハネ一九29、30

ナザレのイエスの死は、AD三〇年四月七日金曜日（ヘブライ暦ではニサンの月の十四日）に起こったといわれている。死の原因は多くの病理的な原因が重なったものであり、単一の傷ではない。その最初のものは、イエスがゲッセマネの園で受けた精神的苦しみであった。種無しパンを食する「過ぎ越しの祭り」の最初の日であった。祈りのなかでイエスは、すぐ先に何が待ち構えているかを知り、極度の精神的ストレスを経験した。

「イエスは、苦しみもだえて、いよいよ切に祈られた。汗が血の滴《しずく》のように地に落ちた」

——ルカ二二44

血の汗（血汗症）は、極度の精神的苦しみにおいて起こることが、何人かの医師によって報告されている。

ドイツの聖痕者、テレーゼ・ノイマンの事例を観察したフィラデルフィアの皮膚科医師、クローダー博士の報告がある。クローダー博士は、テレーゼ・ノイマンが血の汗をかく現場を詳しく調査した。そのほか、シンドラー博士、ヤコービ博士が報告した事例がある。一九二六年十一月六日、セイドル博士は、脱魂状態にあるテレーゼ・ノイマンを密に観察した。彼は、ノイマン修道女が頭部の三つの別々な場所から血を流していたことを確認している。

血を失なったもう一つの原因は、イエスが耐え忍んだ拷問である。それによって、液が細胞の間隙に移され、血管内の血液が減少した。このような現象は、損傷を受けた皮膚に斑状出血と血腫が形成されることから起きてくる。

アメリカ医学協会会報に、エドワーズが編集した『イエス・キリストの物理的な死について』というタイトルの論文が発表された。著者たちは、このように書いている。

「極度の苦痛と血液の損失を伴う厳しい拷問によって、イエスはショック死寸前に追い込まれていた可能性が高い。そこで、実際に磔刑に処せられる前でさえ、イエスの体はかなり深刻な状態、臨終に近い状態に追い込まれていた」

イエスがゴルゴタへと背負った柱は、三七・五キロから六二・五キロの重量があったと計算されるが、これには強靭《きょうじん》な体力を必要とする。イエスは体力を失なっていたので、助けを必要とした。クレネ人のシモンが残りの道中、柱を引きずった。このような体力の消耗も、ショック前の症状によるものである。

ある歴史家によれば、磔刑を最初に考案したのはペルシャ人だった。また、フェニキア人が最初であったという歴史家もいる。いずれにせよ、このならわしはエジプトとカルタゴに広まっていた。そして、ローマ人はカルタゴからそれを採り入れた。ナザレのイエスの磔刑に使われた十字架は、「クルックス・コミサ」であったと信じられている。これは、ギリシャ語の「タウ」に似た形状をしているため、タウ十字と名づけられている。それは、一世紀のローマ人がパレスチナでよく使用したものだ。

両手に打たれた釘は正中神経を損ない、それによって体の一つひとつの動きは両腕に激痛を起こし、両手は硬く握り締めるかたちになる。磔刑はまた、特に息を吐くときに、呼吸器系の損傷をまねく。伸ばした両腕にかかった体重は、吸気の際に肋間の筋肉を固定してしまうため、吐き気をいっそう苦しいものにする。受刑者は少しでも呼吸しようと横隔膜にたより、両足の打ちこまれた釘のところで体を起こそうとする。呼吸は完全なものではないため、二酸化炭素が肺に増え、呼吸器に酸性症状が起こってくる。

イエスは、十字架上で呼吸をするために両脚に力を入れて体を起こした。このため、体を木にこすりつけ、傷の幾つかを開くかたちになった。両脚に力を入れるたびに、苦しみはいっそう募った。両手を動かすと、突き刺さった釘が正中神経に激痛を起こした。これが血量減退症と呼吸器酸性症をいっそう悪化させ、ショック症状を誘発した。

イエスは三時間から六時間、十字架にかけられていたと信じられている。イエスの突然死の明らかな原因として、左心室の破裂とともに、心筋梗塞を起こしたことがあげられている。だが、そのようなことが起こったとは信じられない。聖ヨハネによれば、百卒長が槍を突き刺すと、イエスの胸から血と水が噴き出してきたという。破裂してのち、心室腔から流出した血液は、心嚢液《しんのうえき》と混ざり合う。この液は、最初は血に見え、あとで水に見えたりはしないのである。すなわち、イエスの死は瞬間的なものである。

デパスクアレとブルッフによる一九六三年の論文『磔刑による死』では、イエスの死は窒息によって起こったとされている。体を起こし、両足の釘に力をかけながらの呼吸に疲れ、呼吸が停止して失神し、死んだという。

一九六四年、テニーが『アメリカ心臓ジャーナル』(デパスクアレとブルッフの論文を掲載した雑誌)で持論を展開した。『磔刑による死について』と題された彼の論文は、デパスクアレとブルッフの考えに、真っ向から対立するものだ。

「簡単にいえば、死のメカニズムが、呼吸器の固定と呼吸筋の消耗に続く窒息死によるものとする新説は、まるで信憑性が低い。鞭打ちによって肉体の消耗とショックが起こり、担いだ十字架がいっそう受刑者を衰弱に追い込んだ。最後に十字架にかけられたことが、血圧低下と循環性ショック、そして死を招いたのである」

イエスの死因を科学的に立証することは不可能である。トリノ聖骸布の研究では、複数の仮説を指し示す観察結果がでている。ナザレのイエスの死因は、どうやら複合しているようだ。血量減退によるショック、直立性血圧降下症、そして窒息、それらはみな死因に数えられる。イエスの右腹の傷は、死後に受けたものである。胸から流出した血と水は、一部の科学者が唱えているような、心筋梗塞後に心室が破裂したという現象が起こらなかったことを示している。むしろ、心臓が槍で切り裂かれたことを示しているのである。私は長年にわたる心臓内科での経験から、心臓の穿刺《せんし》と心臓内の疎性縫合を通して、血が流出したと報告できる。イエスが十字架上で死ななかったという説は、愚かしい非科学的な考えである。

ハイネック博士はイエスの苦しみについて、次のようにコメントしている。

「十字架上での死は実際、もっとも残虐なものであった。受刑者の体力は徐々に消耗し、激しい痙攣が起こった。……意識は、胸と腹とを分かつ横隔膜、そして胸の全筋肉へと拡大した」

ローマ人は、先にも述べたように、イエスが急死したために、いつものように脚を折ったりはせず、右の脇腹を突き刺したのである。聖骸布に見られる右脇腹の大きな血の染みが、腰のうしろ側へ回っているのは、遺体が墓地に搬送されているときか、墓に安置されたときに、傷口から血が流出したことを物語っている。

……法医学者による公式報告書………

ロサンゼルス郡病院の副検死官で、法医学者のロバート・バックリン博士は、聖骸像のネガを専門家の立場から、次のように読んでいる。

「像ができた経緯は別として、それが解剖学的に見ても正しいといえるだけの十分な情報がここにある。この人の身に起こったことを診断するのは難しいことではない。その病理学と生理学は非の打ち所がなく、一五〇〇年より以前には知られていなかった医学知識を表わしている。

この男性は身長一八〇・三四センチ、体重約八〇キロのコーカソイドの男性である。組織の損傷について言えば、次のようになる。頭部から始めると、頭頂部と後頭部、額の刺傷から、血が流出している。この男性は顔を鞭打たれ、一方の頬に腫れを起こしている。眼瞼《がんけん》皮下出血が明らかに認められる。鼻端は削がれ——転倒が原因であろう——鼻の軟骨組織が骨から分離しているように見える。左手首に傷があり、右手首のそれは左手で覆われている。これは、磔刑において典型的な損傷である。

磔刑を描く古典絵画や肖像には、掌《てのひら》の中央を貫通する釘が描かれているが、これは真実とは思われない。掌の組織は男性、特にこれだけの体躯の男性の体重を支えるには、あまりに脆弱だからである。掌に釘を打ち磔刑に処せば、両手は骨、筋肉、靭帯《じんたい》ともに引き裂かれ、受刑者は十字架からずり落ちてしまう（手首が縄で縛られた状態で掌に釘を打たれた可能性もある）。

両腕を血がつたい落ちている。体の前面と背には、鞭打たれたしるしと見える損傷がある。ローマ人はフラグルムと呼ばれる鞭を使用していたと、歴史家たちは指摘している。この紐は、二、三本の革紐からなり、紐の先端には小型ダンベルのような金属か骨が縛り付けられていた。それは、肉をえぐるためのものである。ローマ時代のフラグルムの革紐と先端の塊は、体の両面に見る損傷部と正確に符合する。この受刑者は、二人の刑人によって、左右両側から鞭打たれている。革紐の角度が示しているように、一人は他よりも背が高い。

両肩は腫れ、皮膚が剥離《はくり》しているが、これは死ぬ数時間前に、この人が荒く重たいものを肩に引きずったことを示している。右脇腹では、何かの形の長く細い刃物が上向きに突っ込まれ、横隔膜を刺し、肺から胸腔、心臓へと貫かれている。これは死後の出来事である。なぜなら、分離した赤血球と無色透明な血漿《けっしょう》が損傷部から流出している。のちに、遺体が横たえられ布の上に置かれてから、血は脇腹の傷口から滴り落ち、背の腰沿いに溜まった。

両脚の骨には骨折した証拠は見られない。一方の膝には、転倒の際にできたと思われる剥離が認められる。最後に、一本の杭が両足を貫通し、二つの傷口から布へと血が滴り落ちていた。鞭打たれた男が十字架にかけられ、磔刑に典型的な心機能不全で死んだことは明らかである」

第２章　聖骸布の血液鑑定

三〇年前の一九六九年六月十六、十七の両日、ミケーレ・ペレグリーノ枢機卿率いる専門家の会合が開かれた。目的はトリノ聖骸布の研究である。ジョルジョ・フラーチェ、エウゲニア・マリア・リゼッティ、エミリオ・マリの三人の科学者が血痕を集中的に調べ、聖骸布の染みは血ではないと結論づけた。

一九七八年、イタリアのルイジ・バイマバロン、アメリカSTURP（トリノ聖骸布研究プロジェクト）所属のレイモンド・ロジャースは、粘着テープを使い、聖骸布の染みから新しいサンプルを採取した。ロジャースはこれらのテープをウォルター・マックローン、そしてコネチカット州のジョン・H・ヘラー、アラン・アドラーが率いる科学者のグループに手渡した。

二つのグループの出した結論は異なっていた。イタリアでは、バイマバロンが、AB型の人間の血を報じていた。アメリカでは、マックローンが聖骸布の染みは血液ではなく、赤黄土と辰砂の染料であると結論していた。マックローンは、布の染みは画家が残した染料であるとの結論だったが、アドラーとヘラーは本当の血と結論づけた。

私は聖骸布背面、後頭部から得たいくつかのサンプルを調べた。一九八八年四月二十一日、炭素測定用のサンプルが採られた同じ日に、リッジ・ディ・ヌマナが採取したものだ。アドラー博士の厚意により、私は聖骸布正面左手から採取したサンプルを調べることができた。これは、一九七八年にロジャーズ博士が粘着テープを使って得たものだ。

それには以下のような手法を使った。

光学顕微鏡による直接観察

1、組織化学の手法

a、マロリ紺青反応

b、ライト染色法

2、免疫組織化学による手法

a、抗抗原B、抗抗原H抗体

b、抗成人ヘモグロビン抗体

光学顕微鏡、位相差顕微鏡を使っての直接検査によれば、手首部分の血のサンプルは、以前から数人の科学者に指摘されていた通り、結晶質（染料）ではなく有機質（繊維）であることが判明した。血痕は、ほぼ完璧に（九五パーセント）カビと細菌（バクテリア）に置換していた。油浸（一〇〇〇倍）を併用しての顕微鏡検査では、カビは偽側糸をもつ子嚢菌《しのうきん》であることが確認された。

像の背面後頭部から採取した血痕については、ライト法を使って血液鑑定を行なった。この部分の染みもまた、ほぼ完璧にカビに変化していたが、細胞状の構造も少しは認められた。残留する血の鉄分を染めるマロリ紺青反応を使った検査では、染みのごく一部分に鉄が検出された。

抗抗原Bと抗抗原H（Oグループ）の各抗体を使い、いくつか免疫組織化学検査を行なった。ここでも、残留物のごくわずかな部分が抗原Bに陽性反応を示した。成人ヘモグロビン検出用の抗体を用いた検査でも、やはり類似の反応が得られた。サンプルのごくわずかな部分だけが陽性反応を起こし、血の残留物の九五パーセント以上が細菌とカビに代わっていることが確認されたのである。

＊

マックローンは、一九七八年にロジャーズ博士が聖骸布から採取したテープサンプルについての検査結果を報告している。『顕微鏡ジャーナル』二八号、二九号で、彼は聖骸布には血は存在しなかったと語っている。一九九〇年には『化学研究報告』のなかで、聖骸布には血はなかった、とふたたび述べている。

一九八一年、マックローンが『顕微鏡ジャーナル』で公表した聖骸布の繊維の写真は見事なものだった。酸化脱水した繊維素が「像」を形成したという考えを受け入れなかった点では、彼は正しかった。聖骸布繊維の有機性残留物に酸化鉄（ヘマタイト）が含まれているのは、化学結石栄養細菌（ケモリソトローフ）が生産した残留物である。

ケモリソトローフには、a／水素細菌、b／硫黄細菌、c／鉄マンガン細菌、d／アンモニア酸化細菌、e／窒素酸化細菌、の五種類がある。鉄を酸化する細菌は、第一鉄イオンから電子一個を除くことでエネルギーの一部を得て第二鉄イオンを生産するが、これが沈着して酸化鉄になるのだ。

聖骸布の酸化鉄は、血の部分だけではなく像の部分と像以外の部分からも検出されている。ケモリソトローフにおいて、鉄イオンから取られた電子を最後に受け取るのは酸素なので、このプロセスは好気性である。嫌気性の光線栄養細菌では電子は解放されず、陽子は酸素に拘束されて水を作らない。これは、周期性光附燐酸反応と呼ばれている。このプロセスでは、細菌クロロフィルは電子の受体とも授体ともなる。

すでに見てきたように、聖骸布の血の領域の九五パーセントは、カビと細菌に置換されており、わずかに残留している血も時とともに減少し続けている。近い将来、聖骸布の血はもはや存在しなくなるだろう。三つの遺伝子節のクローニングによって、聖骸布からヒトDNAの分離に成功した今、私たちは男性の人間の血が聖骸布に存在することをまったく疑っていない。

第3章　聖骸布のヒトDNA鑑定

「私と父は一つである」

——ヨハネ福音書一〇30

生命は、有機体（種）から有機体へ、DNAによって伝達されている。DNAがなければ繁殖はあり得ない。

DNAは単細胞生物、多細胞生物を問わず、成熟核内の長い染色体の糸のかたちで存在する。染色体は、ヌクレオチドと呼ばれる四つの基本単位が暗号によって鎖状に結合したもので、ヌクレオチド分子はいずれも、塩基、糖類、燐酸分子の三つで構成され、塩基にはアデニン（A）、シトシン（C）、グアニン（G）、チミン（T）の四種類がある。

この四種のヌクレオチドに含まれている糖類は、デオキシリボースと呼ばれている。ヌクレオチドは、グアニン－シトシン、アデニン－チミンの二つの塩基対からなり、染色体の二重螺旋を構成する二本鎖は、これら二つの塩基対から成っている。四種のヌクレオチド――A・C・G・T――が染色体の鎖のなかでどう配列されるかによって、作業分子（タンパク質）の配列が決定する。大きなDNA分子のなかにある三つのヌクレオチド（コドン）の並び順が、タンパク質の建設資材の一つ、アミノ酸の配列を決める。

ヒトゲノムに含まれる三〇億個の塩基対すべてが、四六個の染色体に集められている。核染色体にある絡み合う二つの鎖、クロマチドには、遺伝的に特異なDNA分子一つと、多くのタンパク質が含まれていて、これが遺伝コードを担う次の分子（トランスファーRNA）の暗号解読を助けている。

DNA分子は、遺伝情報を細胞質内のリボソームへ伝達する。ここは、RNA分子がタンパク質を合成し、統合する場である（RNAではDNAのデオキシリボース糖がリボースに置換されている）。メッセンジャーRNA（mRNA）は、染色体からリボソームへ遺伝コードを伝える役割をもっている。

……ヒトの染色体……

人間には、二二対の常染色体と二つの性染色体（女性のXX染色体、男性のXY染色体）を合わせ、計四六個の染色体がある。正常な男性では46XY、正常な女性では46XXとこれを表記する。

正常な人間の胎児が発育するには二つの性染色体が必要で、性染色体が一個失われても追加されても、深刻な奇形が起きる。

性染色体が一個しかなく、それがX染色体であれば（45XO）、ターナー症候群という奇形が生じる。二個のX染色体がY染色体と結合すれば（47XXY）、クラインフェルター症候群が生じる。一個のX染色体が二個のX染色体と結合して三重X症候群（47XXX）を起こすと、女児の表現型奇形を生む。

……PCRによる性の判別………

血や細胞の性別鑑定には、男性にしかない精巣決定因子（TDF）か、男女とも存在するアメロゲニン遺伝子が使われている。女性の遺伝子は男性よりも長いので、私たちはアメロゲニンX遺伝子（AMG）と、アメロゲニン状Y遺伝子（AMGL）を使うことにした。AMGとAMGLの遺伝子配列が分化したのは、二五〇〇万年前のことである。

『アメリカ遺伝医学ジャーナル』に掲載された論文のなかでナカホリ博士は、PCR（合成酵素連鎖反応）にしたがい、二つのアメロゲニン遺伝子を使って性の判別ができることを報じている。AMGとAMGLは、歯のエナメル部のタンパク質を合成する遺伝子だ。AMGはAMGLよりも長い一七七の塩基対を持っている。

二つの遺伝子のPCRテストには、次の二種のプライマー（ヌクレオチド鎖）が使われた。

AMXY－1F（5´－CTGATGGTTGGCCTCAAGCCTGTG－3´）
AMXY－2R（5´－TAAAGAGATTCATTAACTTGALTG－3´）

XとY、それぞれのDNA断片の長さは異なる。X鎖はY鎖よりも長いので速度が違い、Y鎖はX鎖より早く動く。男性には異なる二本の鎖があり、女性は厚い鎖一本しかもってはいない。毎年一月一日に、教会では主の割礼祭が祝われるが、割礼を受けたのだとすれば、ナザレのイエスの染色体は46XYであったに相違ない。

……聖骸布の血痕のＰＣＲ試験………

左手（一九七八年にSTURPにより採取）と後頭部（一九八八年四月二十一日にリッジにより採取）から採取された聖骸布の血球が、a／ベータグロビン遺伝子、b／アメロゲニンX遺伝子、c／アメロゲニンY遺伝子の三遺伝子節の存在を確認するために、PCR試験にかけられた。

測定はヴィクター・トライオン博士の指導の下、サン・アントニオのテキサス大学健康科学センター、PCR研究所で実施された。測定にかけられた人の遺伝子三節は、すべて陽性反応を示し、聖骸布の人の血が人間の男性のものであることが確認されている。

[聖骸布後頭部の血球からクローンされた遺伝子節]

対照　TCCTAAGCCA　GTGCCAGAAG　AGCCAAGGAC　AGGTACGGCT
GTCATCACTT
1 4 5 0
聖骸　GAAG
AGCCAAGGAC　AGGTNCCAAT　GTCATCACTT　3 4
TCCTAAGCCA　GTGCCA（プライマー）
対照　AGACCTCACC　CTGTGGAGCC　ACACCTAGG　GTTGGCCAAT
CTACTCCCAG
1 5 0 0
聖骸　AGACCTCACC　CTGTGGAGCC　ACACCCTAGG　GTTGGCCAAT
CTACTCCCAG
8 4
対照　GAGCAGGGAG　GGCAGGAGCC　AGGGCTGGGC　ATAAAAGTCA
GGCAGAGCC
1 5 5 0
聖骸　GAGCAGGGAG　GGCAGGAGCC　AGGGCTGGGC　ATAAAAGTCA
GGCAGAGCC
1 3 4
対照　ATCTATTGCT　TACATTTGCT　TCTGACACAA　CTGTGTTCAC
TAGCAACCTC
1 6 0 0
聖骸　ATCTATTGCT　TACATTTGCT　TCTGACACAA　CTGTGTTCAC
TAGCAACCTC　1 8 4
対照　AAACAGACAC　CATGGTGCAC　CTGACTCCTG　AGGAGAAGTC
TGCCGTTACT
1 6 5 0
聖骸　AAACAGACAC　CATGGTGCAC　CTGACTCCTG　AGGAGAAGTC
TGCCGTTACT
2 3 4
対照　GCCCTGTGGG　GCAAGGTGAA　CGTGGATGAA　GTTGGTGGTG
AGGCCCTGGG
1 7 0 0
聖骸　GCCCTGTGGG　GCAAGGTGAA　CGTGGATGAA　GTTG
2 6 8
（プライマー）GTGGTG　AGGCCCTGGG

クローニングされた最初のDNA節は、第11染色体のベータグロビン遺伝子である。これは調べるのが比較的容易で、目覚しい結果が得られている。二六八個の塩基対（ヌクレオチド）がクローンされたのだ。クローニングの対照には、HUMHBB221が使われた。

第4章　聖骸布年代決定の紆余曲折

一九八八年五月六日、タクソンのアリゾナ大学で、聖骸布の最初の公式サンプルが炭素年代測定にかけられた。その結果は予想もしないものだった。聖骸布の年齢は六四〇年、とはじき出されたのだ。

『聖遺物か、イコンか、嘘か』のなかで、著者のハリー・E・ゴーブは、D・ドナヒューの言葉を引用した。

「私は他の二つの研究所の結果をまったく気にかけていない。AD一三五〇年が、聖骸布の年代なのだ」

どのように炭素測定が行なわれ、AMS（加速器型質量分析器）データからサンプルの年代がはじき出されたかを知ることが、炭素年代と聖骸布の真の年代との誤差を理解する手がかりになる。この誤差への解決を試みる科学論文が会議で多く発表され、あるいは専門誌上に掲載されてきた。

まず留意すべきことは、炭素学者は誠実な科学者であるということだ。私は、彼らの友人であることに誇りを持っている。だが、AMSのデータ解析から得られた年代が、予想もしない不純物の介在によって歪んだのであれば、その通りに受け止めなければならない。それは、予期せぬ不純物によって起きたエラーであって、それ以上のものではないのだ。

サンプルに存在する炭素14の数値をだすときには、同じサンプルの炭素12原子の数と比較してみなければならない。AMSの接続コンピューターには、二種の炭素の比率を使い、サンプルの推定年代を自動的にはじき出す表がある。

だが、サンプルを洗浄した後でさえ、予期せぬ不純物が残留していれば、コンピューターは誤った結果をだし、実験者もそれに気づくことはない。どれほど多くの統計をとろうと、統計のためにどれほど多くのサンプルを使おうと同じなのである。

……炭素年代測定とは何か………

一九六〇年、ウィラード・リビーが、古代の有機物の年代決定に炭素測定を適用することを発見し、ノーベル化学賞を受賞した。リビーは過去一五年にわたり、有機物中に含まれる放射性炭素14の量を調べてきた。

ここで、放射性炭素とは何なのか、聖骸布の信用を損なう上でどのような役割を果したのか、と読者は思われるかもしれない。

無機物も有機物も含めて、宇宙を構成する物質は、原子と呼ばれる数知れぬ粒子からなっている。原子は各種の原子と結合して、分子と呼ばれる物質の最小単位をつくり出す。原子は、波動で成り立つ、違ったエネルギー粒子で構成されている。原子を構成する主な粒子は三つである。

A、陰電荷を帯びる電子

B、陽電荷を帯びる陽子

C、荷電されていない中性子

電子は軽すぎて考慮の対象外になるが、中性子と陽子は同じ重さであるため、この二つをもって一単位と考える。地球上には、物質を構成する九二個の自然元素がある。また、実験室内で作り出された、92（ウラニウム）以上の原子番号をもつ人工元素もある。

各元素は、他と区別するそれ自身の原子番号をもっている。この番号は、原子核に存在する陽子の数を表わしている。原子核に陽子が一個しかなければ、それが元素表の第一番目の水素（原子番号1）となる。水素原子には原子核に陽子が一個、それを周回する電子が一個あり、中性子は存在しない。原子番号2のヘリウムは、原子核に二個の陽子があり、周回する電子の数は二個である。

さて、原子核にある陽子と中性子の総数が原子量（重さ）になる。例えば、炭素は原子番号が6でも、12（炭素12）、13（炭素13）、14（炭素14）と三通りの原子量がある。それは、六個の陽子以外に、核内に六個（C12）、七個（C13）、八個（C14）の中性子があるという意味だ。陽子の数は変化しないことを覚えてほしい。この数が変われば、違う原子になってしまう。例えば、炭素の六個の陽子にもう一つ陽子を加えれば、原子番号7の窒素になる。

炭素12、炭素13、炭素14のように、原子番号は同じでも、量の異なる原子を「同位元素」と呼んでいる。同位元素が不安定な場合――例えば、時代とともに分解するなどのことがあれば――それは「放射性同位元素」と呼ばれる。放射性炭素14もそれだ。

放射性同位元素の崩壊に要する時間は、元素によりまちまちである。サンプル中の放射性同位元素が半分失なわれるのに要する時間が、その寿命を決定する手がかりになり、この時間を「半減期」と呼んでいる。

炭素14の場合、半減期は五七三〇年で、この時点でまだ半分の原子が残存していることになる。炭素12、炭素13、炭素14という三種の炭素同位元素のうち、炭素14は不安定で、時とともに自然に変化する唯一のものである。これら三つの炭素は、自然界に違った量が存在する。炭素12は、炭素原子全体の九八・九パーセントを占め、炭素13は一・一パーセント、炭素14の比率は一〇億分の二に満たない。

……放射性炭素はどのようにしてできるか………

ほとんど質量のない陰電荷を帯びた宇宙線が大気圏に入ると、まず水素核と結合して中性子を生む。中性子は速度を落とし熱を帯びるので、特に熱中性子と呼んでいる。中性子そのものは電荷を帯びていないので、衝突した原子核を変化させる。

宇宙線は、地表一平方センチあたり毎秒二個の熱中性子を生む。熱中性子一個が、重さ14の窒素核にぶつかると、陽子を一個はじき出し、窒素原子は、重さ14の炭素原子に変化する。入れ替わった中性子は、弾かれた陽子と重さが同じため、原子量14の炭素原子になるわけである。毎秒一平方センチごとに生み出される二個の炭素14原子は、他の炭素と混在していて、生物、海底の炭化沈殿物、大気中の二酸化炭素にも含まれている。

炭素14（C14）は不安定である。すでに見てきたように、それは崩壊し続けて、五七三〇年で半減する。C14は、C12の二酸化炭素に近い炭素成分（無水炭素）になった段階で、大気中に放出され、二酸化炭素（C12）に混入する。

二酸化炭素は、植物にあっては葉緑素を使う光合成、細菌にあっては二酸化炭素を無機定着させるカルビン回路を通して消費されている。また、植物と細菌の成長とエネルギーに必要な、炭水化物（糖類）などの有機物をつくり出す、希酸素環境でも消費されている。

誕生したばかりの有機体は、炭水化物を利用する植物の光合成、細菌のカルビン回路といった生命環にすすんで加わる。この新しい有機体が、C14を含む有機物を、代謝活動を通して取り入れる。

生きているあいだ、生物は、崩壊するのとほぼ同じ比率で放射性炭素を吸収している。言い換えると、死ぬまでC12とC14を同比率で保ち、釣り合いを取っているということだ。むろん、死ねば放射性炭素の吸収は停止する。C14はすぐに崩壊し始め、C12とC14の含有率に大きな開きが出てくる。この二種の炭素の相互関係を測定すれば、生物の死から今日にいたるまでの年代が算定できるのである。

もっと実際的な言い方をすれば、中性子は、一個の陽子（プラス）と一個の電子（マイナス）の結合から生まれる。二つが結合して中性になるわけである。

同時に、中性子八個と陽子六個からなる不安定なC14が崩壊するときには、ベータ粒子（電子）だけを放出するので、C14の中性子はマイナスの粒子（ベータ粒子）一個を失い、ふたたびプラスの粒子（陽子）に変質する。これによって、核構造は陽子7と中性子7（C14の原子は陽子6と中性子8）になり、すなわち窒素に変化する。

炭素の総量の九三パーセントは海底で炭酸のかたちで存在し、二・六パーセントは地表に腐植物のかたちで、二パーセントは海面に溶け、一・六パーセントは大気中に二酸化炭素のかたちで、〇・八パーセントは生物圏（有機体の炭素）に存在している。これに対し、海面上の混じり気のない空気には、二酸化炭素は〇・〇三四五パーセントしか含まれてはいない。

……放射性炭素分析法………

Ｃ14の質量分析には、現在二つの方法がある。一つは、Ｃ14の不安定な中性子の一個が崩壊して窒素14ができるときに解放される電子の数を調べる方法だ。これには、かなりの量のサンプルを必要とする。もう一つの方法が、Ｃ12、Ｃ13、Ｃ14の原子数を直接的に計算する加速器型質量分析器（ＡＭＳ）である。この方法でＣ12とＣ14の原子数の相関関係が計算でき、さらに二基のタンデム質量分析器を直列させれば、測定に要するサンプルの量はかなり少なくてすむ。一九八八年にトリノ聖骸布の年代決定に使われたのが、この機器であった。

この方法では、まず有機物を燃やし、その二酸化炭素を集め、触媒でペレット（結晶小球）に変換する。ペレットは加速器に置かれてガスに還元される。炭素原子はイオン化され、イオンは重さに応じさまざまに加速され、質量分析器のなかでさまざまな度合いで屈折しながら、各所で測定される。

加速器を使う質量分析で重要なのは、Ｃ12とＣ14の原子量の比較であることを、ふたたび強調しておこう。サンプルにいくつか有機物が含まれていたとしても、質量分析器はそれらすべてに含まれるＣ12とＣ14の総数をはじき出すだけであり、ふるい分けはできないのである。ＡＭＳは、混合物のＣ14の平均値をだすに過ぎない。

聖骸布サンプルの炭素表からはじき出された年代が、布の繊維そのものの年代ではない理由がここにある。それは、聖骸布の上に今も存在する他の物質（細菌、カビ、バイオプラスチック膜）と合わせたうえでの炭素年代に過ぎないのである。

……聖骸布サンプルの炭素年代測定……

加速器型質量分析器を使っての炭素年代測定法は、ニューヨーク州ロチェスターの核構造研究所で開発されたものだ。ハリー・E・ゴーブ、テッド・リザーランド、ケン・パーサーが、タンデムAMSを応用して、初めてC12とC14の年代測定を行なった。一九七七年に行なわれた最初の実験では、今の木炭と古代の石墨がサンプルに使われた。

その年の六月二十七日、『タイムズ』が、放射性炭素による古器物の新しい年代測定について最初の記事を掲載した。ゴーブは、この画期的な手法をトリノ聖骸布の年代決定に応用できないかとの提案を、イギリスのデヴィッド・ソックスから受けたと書いている。彼はこのときに初めて、AMSを使っての聖骸布の年代調査に関心を抱いたのだ。

一九七八年十月、第二回聖骸布国際シンポジウムがトリノで開催された。聖骸布は八月二十七日から十月七日まで公開されたため、ゴーブはみずからの目で聖骸布を確かめてから、この会議に臨んだ。一九七八年七月二十一日付『サイエンス・ジャーナル』で、B・J・カリトンが「二十世紀の科学に挑戦するトリノ聖骸布の謎」という記事を書いているが、彼女の聖骸布とその像に関する記事は実に素晴らしいものだった。十月の展示が終了した後で科学検査が予定されていると書いてから、カリトンはこう結んでいる。
「聖骸布の布の年代が正確に測定されるまでは、最終決定をだすことはあり得ない。炭素14年代測定法は、少なくとも数年は先になるだろう」

……一九八六年のトリノ・ワークショップ……

一九八六年九月二十九日から十月一日にかけて、聖骸布の放射炭素を準備するための研究集会が、トリノのセミナリオ・メトロポリターノで開催された。

パレストゥレロ枢機卿がこれを組織し、教皇科学アカデミー校長のカルロス・シャガスが議長についた。出席者は、

アラン・アドラー、シャーリー・ブリノール、ヴィットリオ・カヌート、パウル・ダモン、ロバート・ディネガー、ダグラス・ドナヒュー、ジャン・クロード・ドゥプレシー、ジャック・エヴィン、ルイジ・ゴネラ、ハリー・ゴーブ、テディー・ホール、ガルマン・アルバトル、ロバート・ヘッジズ、ステフェン・J・ルカシク、ウィリアム・ミーチャム、ロベール・オトゥレット、ジョヴァンニ・リッジ・ヌマナ、エンリコ・ディ・ロヴァセンダ、ミシェール・タイト、ウィリー・ウェルフリ。

聖骸布一平方センチメートル当たりの糸の数は、横糸二六本、縦糸三八本で、この部分の密度は、一平方センチにつき平均二三ミリグラムである。繊維素は、炭素六個（原子量七二）を

含む、分子量一八〇のブドウ糖が集合したものなので、水分を除けば、炭素の含有率は七二／一八〇になる。

研究集会は、聖骸布一平方センチにつき五ミリグラムの炭素が得られるとの結論をだした。七カ所の研究所のうち、AMS実験所五カ所に二五ミリグラムの炭素が必要で、残る二カ所の微量測定研究所に、さらに二五ミリグラムが必要だった。これら五〇ミリグラムの炭素は、一〇センチ分の聖骸布から得られるはずである。

研究集会の最後に、カルロス・シャガスはまとめを行なった。

1、これは炭素年代測定の瞬間である。

2、私たちは厳密な科学的結果を得るために必要最小限度の布を採取する。焦げたものはここに含まれない。

3、統計的目的のために、七つの研究所すべてが関わることが決められている。五カ所の加速研究所、二カ所の微量測定施設である。

4、論理的理由により、サンプルは、他のグループが他の実験のために聖骸布を使う直前に採取する。

5、サンプルは他の含有物が含まれてはいない、像以外の部分から採取する。

6、聖骸布のサンプルは七つ採取する。六つの聖骸布サンプルと一つのダミーサンプルが七つの研究所に送付される。
7、サンプルの除去は、研究所の代表者によって、テレビカメラで近接撮影される。
8、計測終了後、結果は大英博物館、トリノ度量衡学研究所によって分析され、第三者あるいは機関の選択は、教皇アカデミーに一任する。最終分析はすべての研究所が参加して行なう。
9、炭素研究所はデータ報告のための共通手段を講じる。
10、サンプルの糸は短すぎぬようにする。各研究所は、独自の洗浄方法を取る。
11、二つの管理されたサンプルは、大英博物館が提供する。
12、金曜日に開かれる記者会見では、一九八七年五月十日頃にサンプルが採取され、一九八八年四月までにその結果が判明すると通知する。
13、最終結果は共同事業として発表される。
14、測定に要する時間は特に定めない。
15、認証機関（通達者）は大英博物館（タイト）、教皇アカデミー（シャガス）、大司教館（ゴネラ）とする。
16、分析機関は、教皇アカデミー、トリノ度量衡研究所、大英博物館とする。

一九八七年十月十日、バレストゥレロ枢機卿はトリノ研究集会参加者各位に書簡を送り、1／アリゾナ大学、2／オックスフォード大学、3／チューリッヒのETHの三カ所の研究所だけが、この炭素測定のために選ばれたことを通知した。

ハリー・ゴーブは、『聖遺物か、聖画か、嘘か』のなかで、選ばれた炭素研究所三ヵ所がバレストゥレロ枢機卿に送った書簡を紹介しているが、これは重要な文書だ。

「拝啓。一九八七年十月十日付のお手紙を拝受しました。トリノ聖骸布の年代決定に選ばれたことを名誉に思う次第であります。

しかしながら、参加する研究所を三つに制限したとの決断を知り、私たちは心を悩ましています。私たちは、一九八六年の九月から十月に開催されたトリノ研究集会で、科学的に厳正な結果を確かめる、一般に対してこの事業の信頼性を最大限高める、この二つの理由によって、七ヵ所の研究所が合同して実験に取り組むとの決定に合意したのです。

私たちは、実験施設の数を三つに減らしたことが、この事業の信頼性を損なう結果になるのではないかと懸念します。この測定を仔細にわたって調べあげる批評家が、世に多くいることはご存じのことと思います。最初の合意書を破棄し、三つの実験施設だけに限定するという決断が、批評家たちの猜疑心を強めることは確実でしょう。

三ヵ所の実験施設だけが参加し、そのうちの一ヵ所でも理解しがたい、違った結果をだすようなことになれば、計画全体が危険にさらされることになります。しかし、実験施設の数が多ければ、違った結果が一つでてきたとしても、統計学的に納得のゆく方法で処理することが可能です。統計的な誤差を少なくすることが、最終結果の信頼度を強めることになるのは明らかです。
私たちはトリノ聖骸布年代決定の計画に参与することを望むものですが、実験施設を三ヵ所に限定するという今回の取り決めの下での実験には躊躇《ちゅうちょ》します。トリノ研究集会の決議書を変更し、実験施設を三ヵ所に削減するとの今回の決断を、考え直されるよう提起するものです。敬具」

この書簡は、三つの研究所が、信頼度の高い、誠意ある、真実の実験を行なおうとしていたことを示しているが、サンプルが純粋である場合に限って、このような条件は満たされる。トリノ聖骸布に添加されているPHAポリマーのような予想もしない不純物が混入していれば、結果は当然歪んでくる。たとえ七ヵ所の実験施設が使われようとも、異常な結果がはじき出されることだろう。

一九八八年一月十五日、バレストゥレロ枢機卿の書簡が七つの研究所に送付されてから、ゴーブ博士とハルボトル博士がコロンビア大学で記者会見を行なった。

その二日前の一月十三日に、トリノの新聞『ラ・スタンパ』が記事を掲載した。リナルディ神父がこれを英訳している。

「アメリカでもっとも名高い研究所に数えられる、ブルックヘーブンとロチェスターの両研究所は、トリノ聖骸布の年代測定の計画から外されたことを認めていない。大司教とその科学顧問は、『まだ公式に決定されたわけではない』としているが、研究所は教皇に『公開書簡』を

送り、教皇庁とトリノ大司教バレストゥレロ枢機卿の最近の決定によって、自分たちが計画か
ら外されたことに抗議した。両研究所の科学者たちの見解は、一月十五日金曜日にコロンビア
大学で発表される予定。彼らが教皇へ宛てた公開書簡は、教皇は『不適切な助言』を受けて調
査の規模縮小を認めようとしているが、そうなれば、実験結果は疑わしいものになるだろうと
述べている。
彼らはこの決定を考え直し、聖骸布のサンプルを彼らにも分析させるよう、教皇に求めてい
る。トリノ大司教の答えはどうか。バレストゥレロ枢機卿はこう語る。
『アメリカの科学者たちは、まるで最終決定が出たかのようにとらえているが、私たちはまだ
議論している段階で、近々結論が出されるはずです』

過去一〇年間、聖骸布の研究を実施してきた、トリノ聖骸布研究プロジェクトの監督で、ト
リノ工芸研究所のルイジ・ゴネラ教授は、かなり慎重だ。
『ブルックヘーブンとロチェスターの科学者には、抗議する理由はないだろう。彼らとは、確
固たる合意を結んでいるわけではないのだ。あったとしても、合意ではなく提案にすぎない。
それを別にしても、記者会見まで開いて抗議を宣伝するのは、正しいやり方とは思えない。私
たちは、トリノ聖骸布の真剣な調査の仕事が、一番乗りを決める競争に終わらぬことを望んで
いる』」

一九八八年一月二十二日、選ばれた三ヵ所の研究所のメンバーが、ロンドンで一堂に会した。

聖骸布のサンプルの除去についての最終準備をするためだ。この会議の後で、『デーリー・テレグラフ』に次の声明がだされた。

「聖骸布の年代鑑定のためバチカンに選ばれた、アリゾナ、チューリッヒ、オックスフォードの三ヵ所の炭素測定研究所の代表団が一月二十二日、大英博物館で一堂に会した。トリノ枢機卿の科学顧問、ルイジ・ゴネラ教授、作業の認定のために招かれた大英博物館のミッシェル・タイト博士が同席した。

討議の後、彼らは、聖骸布保護のため、三つ以上のサンプルを採取しないとする、バチカンの決議を採択することに合意した。聖骸布からサンプルを採取し、検査結果をどう扱うかが討議された。ここでだされた提案は、合意のためトリノ大司教に通知される予定。

提案は、一九八六年の会議で採択した最初の決議の精神をできる限り維持することをうたっている。サンプルは、資格ある専門家の手によって、継ぎはぎや焼け焦げから離れた部分から採取される。サンプルの確認は、聖骸布の管理者であるトリノ大司教・バレストゥレロ枢機卿と、大英博物館のミッシェル・タイトが行なう。三研究所の代表者は、トリノでサンプルを受け取り、その一部始終は、ビデオフィルムに収録される。各研究所は、測定結果の統計分析を大英博物館とG・コロネッティ度量衡学研究所に委ねる。作業に要する期間は未定であるが、一九八八年末には集計されることが望ましい。枢機卿がこの提案に合意すれば、科学雑誌『ネイチャー』に通知されることになっている」

これは、聖骸布の年代決定のためのプランに関するもう一つの重要な文書である。統計分析はうまく実施されたが、再度言えば、「予期せぬ不純物」が存在していれば、いかに多くの研究所が関わろうとも、いかに多くの統計分析が行なわれようとも、誤った結果がでるのである。

……サンプルの採取………

一九八八年四月二十一日、洗礼の聖ヨハネ大聖堂において、聖骸布から公式にサンプルが採取された。出席者はバレストゥレロ枢機卿、ルイジ・ゴネラ、ジョバンニ・リッジ・ディ・ヌマナ、ミッシェル・タイト、ダモン、ドナヒュー、ホール、ヘッジズ、ヴェルフリ、二人の紡績権威者F・テストーレとG・バイアル、司祭としてカルメロ神父、カバグリア神父、バルディ神父、ルシアーノ神父。

一九八六年十月の研究集会では、スイス・スティフトン研究所のメクチルド・レンベルグ女史が、サンプルの裁断に指名されていたが、この日、実際に裁断の仕事にあたったのはジョバンニ・リッジで、裁断部分を選んだのも彼だった。

布は、一平方センチ当たり〇・〇二三グラムの重さである。採取されたサンプルは、まず上部と側面をトリミングし、トリミングで出た糸クズは、ゴネラとリッジによって蜜蝋で認印を押したうえで、所定の容器に保管された。

……サンプルの年代がでる………

一九八八年五月六日朝、アリゾナ州タクソンで、最初のサンプルが正式に年代決定された。立ち会ったゴーブ博士は、こう記した。

「目盛り曲線で修正を加えた精密鑑定によれば、糸の原料となった亜麻が収穫された年代は一三五〇年で、聖骸布は六四〇年しか経過していないことになる！」

この言葉は修正しなければならない。実験室で採用された洗浄法では、有機プラスチック膜を除去できなかったのである。測定されたサンプルは、実際には、平均年齢六四〇年の混合有機物にすぎなかったのだ。むろん、亜麻本体の年齢ではない。

ドナヒューの甥のビル・マクレランは、一九八八年五月十五日付『セントルイス・ディスパッチ』に、「聖骸布の秘密」と題して次のように書いた。

「ドナヒューは結果を読んだ最初の人間で、二番目が、タクソンに招かれていたハリー・ゴーブだった。トリノ聖骸布の年代が測定されたその晩、ゴーブはドナヒューの家を訪れた。二人は涼しい春の夜を楽しみながらポーチの外に座って、物理学のことなどいろいろな話を交わしたが、聖骸布のテスト結果には一言も触れなかった。もうすぐタクソンの研究所で、残る三つのサンプルを鑑定することになる。結果は、テストの調整役である大英博物館に通知されることになる。他の二つの研究所でも同様のことが行なわれるだろう」

……十四世紀捏造説……

こうしたなか、いくつかの新聞が、聖骸布は中世の捏造であると報道し始めた。

ロンドンの『サンデー・テレグラフ』のケネス・ローズが、まず中世の年代を報じた。

一九八八年八月二十六日付『イブニング・スタンダード』は、「イエスを象《かたど》ったとされている長さ一四フィートの布の年代は一三五〇年」と述べる、リチャード・ルケットの報告を掲載した。『オックスフォード・メール』紙上では、ホールが、「憶測に過ぎない」とルケットに反論した。このように書いている。「年代決定に携わっているある人物は、この年代が完全に誤っていると証言している」

ホールの記事を読み、ゴーブは寒気を感じた。「一三五〇年説に反論する記事を掲載したというのは、オックスフォードが、アリゾナとはまったく別な年代を手にしているということなのか」

デビッド・ソックスの著書『仮面を剥がれた聖骸布』でも中世の年代が報じられているが、ペトロッシロとマリネッリによれば、この本が書かれたのは、バレストゥレロ枢機卿が公式年代を発表する以前の一九八八年だった。

一九八八年九月六日の新聞『イル・ジョルノ』は、ゴネラの言葉をこのように引用している。

「専門家が言ったのであれば、それは、彼が聖骸布からのサンプルを実証する労をとったということを意味している。私は彼らを信じていたが、今は幻滅を味わっている」

……バレストゥレロ枢機卿の結果報告………

一九八八年十月十三日、三つの研究所で得られた公式な炭素年代が、バレストゥレロ枢機卿によって新聞に公表された。トリノ、バルドッコのサレジオ会ホールで、記者団を前に枢機卿が語った言葉。

「一九八八年九月二十八日、計画の調整役、大英博物館のタイト博士を通じて聖骸布の管理者に伝えられた報告によって、聖骸布の繊維の炭素測定にあたったアリゾナ大学、オックスフォード大学、チューリッヒ工芸大学の各研究所による最終結果が明らかにされました。

この文書は、聖骸布の繊維にあてられた年代が九五パーセントの確率で、一二六〇年から一三九〇年の間のどれかに位置づけられるとしています。より正確で詳細な情報は、目下準備中の科学専門誌で、各研究所とタイト博士が報じることになるでしょう。タイト博士の文書の監修にあたった、トリノのG・コロネッティ度量衡学研究所のブレイ教授は、三つの研究所の測定結果に矛盾のないことを確認しています。

聖骸布の所有者である教皇庁からの通達を、ここでお知らせします。

『結果をどう評価するかは科学に委ねるが、教会は、この尊いキリストのイコンへの崇敬を確証する。聖骸布は、そこに向けられてきた人々の姿勢とあいまって、今後も信仰者のための聖遺物であり続ける。同時に、像の発祥と保持の問題が、いまだほとんど未解決のまま残され、さらなる調査研究を必要としている。教会は、真理を愛する気持ちから、これに対しても、納得のゆく計画がまとまり次第、炭素測定を許可したときと同じ寛容さを示すであろう』

科学的調査についてのニュースが、特に英語で多く報道されることが予想されますが、私はこれを憂慮するものです。教会が科学を恐れ、結果を隠蔽《いんぺい》しているとほのめかしているからです。それは、今回教会が示した明確な姿勢とは矛盾する考えです」

『オッセルバトーレ・ロマーノ』は一九八八年十月十四日、バレストゥレロ枢機卿のこの談話を掲載した。

……大英博物館の記者会見………

バレストゥレロ枢機卿の記者会見があった同じ日に、大英博物館がタイト、ホール、ヘッジズによる記者会見の場を設けた。机を前に会見に臨む三人の背後の黒板には、「1260－1390！」の大きな文字が書かれていた。鬼の首を取ったといわんばかりである。

三カ所の炭素研究所が出した年代と、聖骸布がフランスのリレイで初めて一般公開された年代との一致は驚くべきものだった。この時点では、日付に疑いを差しはさむ知識人は一人もいなかった。ホールは一九八九年二月号の『考古測定学』に「トリノ聖骸布――編集者の所見」という記事を掲載した。そのなかで、彼は疑問とされてきたいくつかの点について詳しく書いている。

「A、聖骸布と他の二枚の布（ダミー）を測定に回したのは、覆面テストが目的ではなかった。三つのスチール容器の最初のものを開けたときに、正真証明の聖骸布サンプルであることはすぐに分かった。トリノ聖骸布で見たものと同じ織り方だったからである。したがって、本当の意味での覆面テストにはならなかった。だが、サンプルを洗浄し灰にしてから、実際に測定に取り組むロバート・ヘッジズ博士には分からぬように、各容器に新しいラベルをつけた。

B、一五三二年の火事で聖骸布が損なわれ、燃えた不純物が炭素の量を増加させたのではないのか、とすれば、洗浄そのものが適切とは言えなくなり、現代の不純物が正確な年代決定を左右した可能性がある、との指摘がかねてからあった。

1、他の燃えた布をテストした限りでは、どれほど燃え方が激しくとも年代は変化しなかった。

2、われわれは洗浄の度合いをさまざまに変えて実施した。サンプルを単に洗浄しただけでも、酸・アルカリで洗浄を強化した場合でも、年代は変わらなかった。

3、聖骸布を二〇〇〇年前のものと仮定した場合、それを中世の年代とするためには、現代の炭素が四〇パーセント混入していなければならない計算になる。

C、最後に、これはかなり絶望的な仮説だが、復活のときに、莫大な量の中性子線が窒素から炭素14を生んだのではないかとの指摘があった。だが、中性子の衝突からはじき出された正確な年代が十四世紀、すなわち、聖骸布が初めて公開された年代に一致するというのは驚きである」

……聖骸布中世説への最初の反応………

聖骸布中世説が発表されたときの反応は予想通りだった。多くの人びとはバレストゥレロ枢機卿の報道の仕方に疑問を表明した。一九八八年十一月六日、新聞『ラ・ヴォッセ・デル・ポポロ』とのインタビューのなかで、バレストゥレロ枢機卿は科学への信頼度を問われて、こう答えた。

「科学がそれを信頼するよう求めているからです。科学はいつも、教会の真理よりも科学の真理が優っているために、教会は科学を恐れていると攻撃してきました。そこで、聴衆に科学への信頼を表明することは、キリスト教が一致していることの合図なのです。『信用すべきではない』という生き方は、クリスチャンの生き方ではありません。

とはいえ、教会は、その結果を盲目的に受け入れているわけではありません。教会は、恐怖と不信という批判をかわすためにも、科学に発言の機会を与えるべきであると考えています。科学は発言し、こうして科学は結果の判断を下しましたが、私自身がこの結果を受け入れているということでは、決してありません。

いいや、そのようなことは申し上げてはいません。また、申し上げるつもりもありません。私はそのような考えを持ってはいません。私は科学の審判者ではありません。教会は平穏です。教会は、聖骸布の信仰が今後も続いてゆくこと、この聖遺物への信仰が、教会の宝物のひとつであり続けることを表明してきましたし、今後も表明します。

今まで繰り返し申し上げてきたことをもう一度、力説しておかなければなりません。聖骸布が教会の典礼に入っていること自体、その重要性と真実性を物語っているということです。科学は科学で議論し続けるでしょう。

しかし、いちばん確実に言えることは、キリストの御顔を現わしている、御顔だけではなく、主の御受難と死、御復活の奥義さえ甦らせる聖骸布像の鑑定は、いまだ徹底してはいないということです。私の心が平和である理由はそこにあります。

報道されている解釈が、教会側との同意の下に行なわれているかのように見られていますが、教会は同意してはいません。同意することはできないし、するべきでもありません。

この問題については、今後更なる調査が進められるとの報道がありますが、その考えはないと申し上げなければなりません。聖骸布保全のための、適切な手段を設けることだけが、目下の課題です」

……定説を覆す極秘鑑定の波紋………

一九八六年九月二十九日から十月一日にトリノ研究集会に参加した一人、ウィリアム・ミーチャム博士が一九八八年十月十四日、香港で記者会見を行なった。このように報じられている。

「極秘鑑定、トリノ聖骸布の年代はAD二〇〇〜一〇〇〇年だった！　最新の年代に矛盾。一九八二年、アメリカの炭素研究所により極秘に行なわれたトリノ聖骸布の年代測定が、AD二〇〇年から一〇〇〇年という矛盾する結果をだしていた。聖骸布研究に関わったアメリカ人考古学者が今日明らかにした。香港大学のウィリアム・ミーチャム博士が語ったところによれば、一九七八年に聖骸布の鑑定を行なったアメリカ科学チームのメンバーは、後にカリフォルニア大学の核加速施設で、聖骸布の糸一本を測定にかけた。この糸の両端からはまったく別の結果がでたばかりか、予備テストの段階ではデンプンの存在さえ検出されたと彼は話している。この発見は公表されることはなかった。当時、トリノの権威筋が炭素年代測定を容認していなかったからである。ミーチャムも出席した会合で、トリノ大司教の科学顧問L・ゴネラに知らされたのは、一九八六年の測定結果だけだった、と彼は語っている。

最近終了した測定は、磔刑の傷をもつ男性の遺体を映し出す聖遺物の年代をAD一〇〇〇〜一五〇〇年とはじき出したと言われているが、一九七三年と七八年に広範囲に行なわれたテストでは、この像は人間の血の染みをもつ、正真正銘の人体の写しであることが明らかにされている。ミーチャムは、最近行なわれたC14テストは、聖骸布全体の証明には何らなっていないと話す。アリゾナ、オックスフォード、チューリッヒの各研究所が鑑定した三つのサンプルは、いずれも布の同一箇所——一五三二年の火事で焼け焦げた一端——から採取されたものだからだ。

『中世の職人がこの部分を繕《つくろ》った可能性さえある。最初の製作時よりも後の時代に、職人が聖骸布に加えた耳の部分に隣接しているからだ』と彼は話す。聖骸布はその化学構造に関する限り、同質の布ではあり得ない。つまり場所によってかなりの違いがあるわけで、放射性炭素の含有量も、場所によってかなり異なってくるということだ。

最近の測定は、かなりお粗末に実施された。布の少なくとも別々な二、三カ所からサンプルを採取して、年代測定にかけるということをせず、一カ所だけから三つのサンプルを採取しているのである。C14の測定結果を頻繁に使っている考古学者は、まちまちな結果がはじき出されることには慣れていて、一度きりの鑑定を重視したりはしないものだ。

ミーチャムは、カリフォルニアでの前回の結果に照らし、一カ所の年代だけに頼ってはならないと、何度もゴネラに促した。当初参画するはずだった七つの研究所の四つが、計画から外された今年初めに、ゴネラへの批判は一気に高まった。

ミーチャムは、今年一月に研究所の一つが大英博物館に宛てた書簡を入手したばかりだ。そこには、現在行なわれているC14計画は『まったく見かけ倒しで、大英博物館は後悔することになるかもしれない』と書かれている。

ミーチャムは、特にC14の年代を割り出すのに必要なサンプルに関して、適切な管理を行ない、もう一度テストを実施すれば、問題は容易に解決するとの考えだ。『そうすれば、結論を出す前に、布の各所について、少なくとも五つか六つの年代を手にすることになるだろう』と彼は話している」

一九八八年十月十三日と十四日に公表された炭素年代を批判する報告のどれにも、何かが誤っていたのではないかとの、焦りと確信が見て取れた。だが、その問題を実際に指摘できる人間はいなかった。三ヵ所の研究所が出した年代は、デラージュ、ヴィニョン、バーベットの行なった研究に一致するものではなかった。このような反応は、真実の聖骸布研究を損なう、否定的な環境をかもし出す結果になった。

……最近の反応………

一九九六年の著書でハリー・ゴーブは、一九八九年一月十四日付ロンドンの新聞『タブレット』に掲載されたジョン・コーンウェルが書いた記事を報告している。彼が対談した専門家は、像はどのようにしてつくられたのかとの質問にこう答えた。

「個人的には、焼き絵の道具でうまくつくり出された焼け焦げか、焼いた像を使って仕上げた浅浮き彫りだろうと考えている。血について言えば、人の血だか豚の血だか、分かるものか」

一九八九年六月十一日日曜日付の『ニューヨーク・タイムズ』で、クライド・ヘバーマンは「鑑定にもかかわらず、トリノ聖骸布はいまだ信仰を集めている」という見出しの記事を書いている。彼は、炭素測定結果が発表されて八ヵ月が経過しても、信者は聖骸布を敬うためにトリノの聖ヨハネ大聖堂を訪問し続けていると書き、イギリスの作家、イアン・ウィルソンの次の言葉を引用している。

「どのようにして像がつくり出されたかが分からないうちは、われわれのまだ知らない理由によって、炭素測定が誤っている可能性がある」

第5章　聖骸布の写真鑑定

一八九八年、イタリア・ピエモンテ州のトリノで、二つの記念行事が挙行された。共和政五十周年記念祭と、一四五三年以来聖骸布を合法的に所有してきたサヴォイ家の、ヴィットリオ・エマヌエレ王子（ウンベルトⅠ世の息子）の結婚式である。

王は、五月二十九日から六月二日にかけて予定されている一般公開の期間に、聖骸布を写真撮影することを許可した。トリノのアゴスティーノ・リシェルミ大司教は王の決定を認め、その道二五年以上の経験を持つ、アマチュア写真家のセコンド・ピアに撮影の許可が下りた。

一八五五年にアスティに生まれたセコンド・ピアは、一八七〇年代に写真家として活動を開始し、専用のガラス感板を開発、一八九〇年にはその優れた写真術を評価されてゴールドメダルを授与された人である。

前の聖骸布の展示は一八六八年で、聖骸布はその後三〇年間、銀器に大切に保管されていた。

セコンド・ピアはそのときまだ一三歳で、聖骸布を見てはいなかった。ピアはかつて展示を見た人々から詳しい情報を得ようとしたが、彼らの記憶は曖昧《あいまい》だった。

写真撮影において、ピアが最初に直面した問題は光源である。洗礼の聖ヨハネ大聖堂の明かりでは不充分だったのである。一九九八年四月と一九九三年五月に聖堂を訪れたとき、私はこの問題を考え、今のような安定した電気が得られなかった時代に、ピアがどれほど照明に苦労したかを実感した。

人工照明を使って二、三週間試験を繰り返してから、ピアは照明を二つ使うことに決めた。足場の両端にそれを配置し、中央にカメラを置いた。カメラは聖堂の中央祭壇の上に位置する聖骸布と同じ高さでなければならない。ピアは光を散乱させるため、照明の前方に半透明のガラスを置くことにした。

五月二十五日の最初の撮影では、一四分間露光を行なった。写真感板は五〇×六〇センチの整色板で、黄色のスクリーンと七ミリレンズを使用した。露光に時間をかけているあいだに、反射板からの熱で散光機が壊れ、撮影を断念せざるを得なかった。

二十八日に再度挑戦し、このときには夜の十一時に撮影を試みた。彼は、聖骸布がガラスのはまった重い枠に守られていることを知っていた。露光は一四分と二〇分の二回に分けて行なった。聖骸布は、十メートル離れた二個の電灯に照らされた。

ピアはこの二回の露光で得られた感光版を、聖堂の近くにある自宅に持ち返った。真夜中頃に、彼は最初のネガプレートを現像液（蓚酸第二鉄）から取り出し、赤い電球にほのかに照らされる暗室のなかで、聖骸布像を目前にした。

彼はこう述懐している。

「プレートを横にしてその顔を眺めたときに、私は自分の見たものに手が震え、もう少しで床に落とすところだった。両目を閉じたその顔は驚くほど真に迫っていた」

「私は暗室に閉じこもり、現像している最中に、強烈な感動を経験した。息を呑むほどの鮮明度で、プレートの上に聖なる御顔が現われるのを初めて見た。染みに隠されたこのようなネガの像を描ける人間など存在しない。人間の描いた絵でなければ、わたしはイエスの御顔を見ているることになる」

ピアに必要な備品を用意して助けた人に、トリノ聖画展示場代表のアントニオ・マーノ男爵がいた。二十九日の早朝、ピアは撮影の成功を彼に簡潔に報告した。これを受けて六月二日、トリノの新聞『コリエール・ナツィオナール』は次のように報じた。

「写真は大成功に終った。それは宗教、歴史、科学にとって際立った重要性を帯びるものだ。詳細については後日報道する予定」

整色ガラスに浮き出た画像の知らせはすぐに広まり、イタリアの高官や教会の高位聖職者たちが、自分の目で写真を確かめようと、ピアの家に詰めかけた。

感光板は背後から光を当てた状態で、暗室のなかで展示された。その像は人々に感動を呼んだ。訪問者の一人、マルキス・フィリッポ・クリポルディは六月十三日、ジェノヴァの新聞『イル・シッタディーノ』に寄せてこのように書いた。

「写真は、打ち消すことのできない印象を与えている。長く細い主の御顔、拷問に苦しめられた御体、長く細い手がはっきりと見える。それらは長い世紀の後に、私たちに見せられたのだ。主が天に昇られてから、その御姿を見た人はいない。私はこの知らせを一刻も早く人々に知らせたい」

六月十四日、『コリエール・ナツィオナール』の二度目の報道が現われた。

「不注意な動きが広がりを見せている今、もうすぐキリスト教社会の関心の的になるはずのものについて、これ以上沈黙してはいられない。受難と体の線を、埋葬布に奇跡的に残された救い主は、ふたたび、ガラスの上に奇跡的に御出現になった。その御姿は、細部にいたるまでくっきりと現われている。なんとも上品で欠けるところのない、聖なる美しさをたたえる高貴な御体、御顔は言語を絶する苦しみを今も見せている。髭、髪、傷の跡、柱に縛られたときに聖なる御体にできた縄の跡も、くっきりと見える。一九〇〇年間、伝統の伝えてきたナザレ人に世界が黙想してきた後で、聖骸布の写真が今、一つの絵として与えられたのである」

バチカンの新聞『オッセルバトーレ・ロマーノ』は六月十五日、ピアの写真を報道し、聖骸布の発見についての教会の公式報告をだした。だがこのニュースは、猜疑心をもって迎えられた。当時キリスト教について、根拠のない宣伝が広がりを見せていたからである。

セコンド・ピアの写真が出版されてから、フランス・リヨンのカトリック大学教会史教授、ユリッセ・シュヴァリエが、ピアに疑問を投げかける最初の記事をだした。

それは一八七七年三月十六日に、カノン・シャルル・ラロワという人物が発表した報告を踏襲するものだった。ラロワは十四世紀以来のあらゆる文書を調べて、聖骸布を偽物と断じたのである。彼はピエール・ダルシスが教皇クレメンス七世に送った書簡に基づき、この判断を下したのだが、ウェンシェル神父は、一九三五年にこの書簡を正式に否定している。

一九〇〇年から一九〇二年にかけて、パリ・カトリック研究所の生物学教授、パウル・ヴィニォンが、科学者として最初の聖骸布像の研究を行なった。

ヴィニョン博士は一八六五年にリヨンの貴族の家に生まれた人で、若いころは科学よりもスポーツが好きだった。彼の情熱は登山に向けられていた。フランスやスイスの山々を登山するなかで、若い神父が彼に同行した。のちに教皇ピオ11世となるアキレ・ラッティである。ヴィニョンは一八九二年に、登山には関心のない十八歳の娘と結婚した。一八九五年になってノイローゼになり、治療の一環として絵を描き始めた。

一八九七年、彼はソルボンヌ大学教授で自然史博物館館長、イェベス・デラージュに招かれ、彼が発刊した雑誌『生物年間』の仕事に加わった。

ヴィニョンが、一八九八年に撮影された聖骸布の写真をいつ知ったのかは分からない。だが、一九〇〇年、イベス・デラージュがこの写真を彼に見せ、科学的注釈をするように依頼したのだ。一九〇〇年初めにヴィニョンはトリノに行き、セコンド・ピアとマノ男爵と話し合った。ピアは彼にネガプリントを渡した。ヴィニョンは、他に二人の人物が聖骸布を写真に収めていることを彼に知った。その一人はイエズス会士のジャンマリア・ソラロで、もう一人は警察官のフェリス・フィーノ。この人は二一センチ×二七センチのネガプレートを使い、聖骸布は、一三センチの大きさに撮影されていた。彼らもまた、ヴィニョンに写真の複写を手渡した。

ヴィニョンはまず、拡大鏡を使ってピアのネガを調べ、たたんでは開き、巻いては広げるときに絵の具が剥がれる現象が、聖骸布のどこにも見られないことを観察した。みずからも、絵の具を塗った布を巻いたり折ったりしてみたが、どの場合にも絵の具が剥がれ、像の原型は損なわれた。これらの実験から、ヴィニョンは、聖骸布像は絵ではないと結論づけた。

像の形成については、二十世紀初頭にポピュラーな説が二つあった。一つは、ナザレのイエスの遺体から布に血が付着してつくり出されたというもの。宗教説を唱えたもう一つの派は、イエスの復活の瞬間に、大量の電子が体から解放されてできたのだと唱えた。

ヴィニョンはどちらの仮説も相手にしなかった。彼は当初から、聖骸布が本物であれば、表面に現われた像は物理法則によって説明できる、それは自然な過程を経て形成されたものであり、いつか形成のメカニズムが理解されるときがくる、と考えていたのだ。

ソルボンヌ大学の二人の科学者の協力を得て、ヴィニョンは付け髭をつけ、髭と顔の両方に、赤いチョークの粉末を塗りつけた。亜麻布を卵白で塗装してから、ヴィニョンの同僚たちは彼を布で覆い、顔全域が均一に布に触れるようにした。だが、カメラで結果をチェックしてみると、グロテスクに歪んだ顔の像が現われた。

聖骸布の像は、写真のネガフィルムのように、明暗が反転している。科学者であり画家でもあったヴィニョンは、十四世紀の画家が、自分がしていることも分からずに人の肖像を描くとは到底信じることができなかった。彼が最初に立てた仮説は「接触説」で、それによれば、亜麻布が血などの体液に触れて、聖骸布像ができあがった。最初の実験では、このやり方で現われてくる像は、歪んでくることが分かった。

ヴィニョンにとって、聖骸布の像は「写し」だった。聖骸布の「写し」が塗装や接触によるものではないとすれば、それは「自然発生的に生じたもの」であろう。彼はさらに、「写しの年代は歴史的に非常に古いものなので、何らかの自然現象の結果としか考えられない。それを人工的に作れるような知識を持つ人間は、中世にはいなかった」と語っている。

……フランス・アカデミーに提出された論文……

パウル・ヴィニォンは、一九〇〇年から死ぬ一九四三年まで、生涯の大半を注ぎ込むほど聖骸布の研究に打ち込んだが、最初の十八ヵ月がいちばん脂ののった時期だった。

彼は、教授のE・エルワールとM・ロベール、工芸大学の物理学教授レン・コルソーの協力を得て、ソルボンヌ大学研究室で仕事を進め、一九〇二年四月二十一日の午後四時に、イェベス・デラージュが、この成果をフランス科学アカデミーに報告した。論文のタイトルは「トリノ聖骸布におけるイエス・キリストの像」である。

生物学と動物学の名高い教授だったデラージュは、不可知論者（神は知ることができないという説を唱える人）でも知られていた。彼は奇跡や宗教的遺物を信じなかったが、珍しい自然現象なら信じることができた。論文が発表されるこのアカデミーの定期会合にヴィニョンも出席した。すべての論文は、ここで公式報告にまとめられるのである。

デラージュは、一九八九年にセコンド・ピアが撮影したネガ画像の鑑定から話を開始した。彼は像が反転していることに注意を呼びかけ、顔の部分の拡大写真を披露した。それから、彼とソルボンヌ大学の学者グループが、解剖学、科学、物理学の手法を使って調査を開始した理由を述べた。さらにヴィニョンの行なった調査について討議し、聖骸布の画像は絵ではあり得ないとの結論を述べるとともに、血痕、両手に打たれた釘の跡、その驚くべき裸体像、全体の均整、真に迫った完璧な顔の形などの点をあげた。

「これらの点から、聖骸布像は人間が描いた絵ではなく、物理的、化学的な現象によって生じたものであるとの確信を得ている。ここでの科学的な問題点は、遺体がそれを覆う聖骸布に、どのようにして、これほどに緻密な形をつくり出すことができたのか、ということである」

彼はさらに、ヴィニョンとコルソーが行なった実験に触れ、像は直角に体が映し出されたものので、写りの強度は遺体からの距離に関係し、二、三センチ離れたところで像が消えていると指摘した。デラージュは、それからこう述べた。

「聖骸布に現われた人の身元を言うべきであろうか。……二つの違った調べ方で、真実に到達できると思う。一つは、これらの刑を耐え忍んだ男について端的に語る、キリストの受難の物語である。この二つの出来事を一つのことに結びつけるのは、合理的とは言えないだろうか」

しばらく間を置いてから、デラージュは続けた。

「像が崩れずに形成されるためには、少なくとも二十四時間以上は遺体が聖骸布のなかに置かれている必要があったことを、ここで付け加えておこう。像が形成されるのに必要な時間は多くて数日である。それ以上経過すると、腐敗が進行して、像も聖骸布もだめになる」

本書に発表してきた研究のなかで私は、生物学的に発生した像は、形成されるまでに数百年の時を要することを発見している。プレコロンビア時代の工芸品の有機残留物がつくり出した像によって、これは確認できた。

科学アカデミーでのデラージュの講演の最後は、強い口調になっている。

「これがまさしくキリストに起こったことなのだと、伝説は私たちに告げている。キリストは金曜日に死に、日曜日に墓から消えたのだ」

最後に彼は、厳粛な言葉を付け加えた。

「聖骸布の男はキリストである」

デラージュの講演は三〇分続いた。だが、彼の報告には手厳しい反応が返された。

科学アカデミーの書記官、M・ベルテロは、アカデミーの公報にデラージュの論文を入れることに反対した。新聞報道は歪曲されていた。二十世紀初頭のフランスは、聖骸布を敵視する環境にあったのである。カトリック学者たちさえ、ヴィニョンの研究よりも、シュバリエの歴史的発見のほうに関心を寄せていた。新聞は、科学の精神に反するとデラージュを攻撃した。これに対してデラージュは、『ルヴイ・スジャーティフィク（科学評論）』編集長のシャルル・リシューに公開書簡を送り、リシューは論文の要約とともに、この書簡を公開した。

……一九三一年に撮影された聖骸布の写真………

一九三一年、イタリアのウンベルト王子とベルギーのマリア・ジョセ王女の結婚式が行なわれた際、聖骸布が新たに公開された。その年の五月三日に、二十四時間だけ公開されたのである。トリノ大司教のマウリリオ・フォサッティは、ヴィットリオ・エマヌエレ王の許諾の下、写真家で『ヴィータ・フォトグラフィカ・イタリアーナ』編集長、ジセッペ・エンリエに聖骸布の新しい写真撮影を許した。

五月三日午後十一時、当時七五歳になっていたセコンド・ピアと、パウル・ヴィニォンの立会いの下、ジセッペ・エンリエは試験的な露光を実施した。

彼は暗室用に使っていた教会聖具室にプレートを持ち込み、ピアとヴィニョンの見守る前で現像を行なった。聖骸布像がそこに浮かび上がるのを見たときに、ピアは、三三年前に自分の暗室のなかで感じた、あの感動が甦ってくるのを覚えた。

エンリエはさっそく、プレートをフォサッティ枢機卿のところに持ち込んだ。のちに彼はこのように記録している。

「人生でもっとも素晴らしく、それまでの自分の仕事のなかでいちばん感動を覚える瞬間だった。枢機卿と選り抜きの一団に完璧なプレートを手渡すことができたのだ」

枢機卿にこれを手渡したあとで、エンリエは再度聖骸布の撮影に挑戦し、保護ガラスなしで六枚の写真を撮った。撮影が終ったときにはすでに一二時半を回っていた。五月二十一日にエンリエはさらに三枚の写真を撮り、二十二日にもさらに三枚撮影した。こうして一八九八年のときと同様、一九三一年にも私的に写真が撮影されたのだが、公に認められることはなかった。

エンリエの撮った写真は全身像の写真が四枚、三分の一の写真が三枚、背面の完全写真が一枚、顔と胸が一枚、同じサイズの顔の三分の二を撮った写真が一枚、同じサイズの顔全体の写真が一枚、それに七倍に拡大した左手部分の写真が一枚である。この拡大部については、注意深く記録されている。

「だが、学者たちが一番疑う余地のない新事実を発見したのは、七倍に拡大された手の部分である。素材の『糸一つひとつ』がくっきりと見え、糸と糸の間の溝さえ見えた。染料の痕跡はまったくない。染料が使われていれば、必ずや溝に付着してかさぶたになり、糸は癒着して見えなくなる。だが、糸はどれも分離していたのである。像は、表現しがたいほど微妙な脱色によって生じたものだろう」

……一九三三年の聖骸布公開………

一九三三年にも聖骸布は公開されている。このときには公式な写真はいっさい撮影されなかったが、公開の最後で聖骸布が聖堂の外に展示されたときに、何百人もの人々が陽光の下で写真を撮っている。これらの写真も公式なものではない。

……一九六九年の聖骸布の写真………

一九六九年六月十六日と十七日、トリノ大司教、ミケーレ・ペレグリーノ枢機卿が聖骸布の研究と保存の最善策について情報を収集するために、専門家グループを募った。

ジョバンニ・ジュディカ・コルディグリア教授の息子、ジョバンニ・バティサ・ジュディカ・コルディグリアが写真撮影を行なった。彼は、三五ミリカメラと一二五ミリレンズを使い、カラー、白黒合わせて、三九枚の写真を撮影した。ジュディカ・コルディグリアは、撮影に使った技術を委員会に詳細に報告した。

写真は一九七三年、マックス・フレイ、ロバート・スピゴ、アウレリオ・ジオの各教授によって検討された。ピア、エンリエ、ジュディカ・コルディグリアの撮影した写真を基に、さらに多くの調査が実施された。どの研究も、ネガに修正を加えた形跡が見られないことを証明した。

聖骸布の写真に見る像の反転現象は、聖骸布そのものがネガとして作用しているのではないかとの考えを抱かせるが、それは真実ではない。前にも説明したように、細菌が生産する酸化鉄とマンガンの沈着物が、この現象に一役買っているのである。

聖骸布の像は近距離で観察すると、あまりはっきりとは見えてこない。一九九八年四月十八日、聖骸布を直接この目で見る機会に恵まれ、私は一時間以上にわたって注意深く調べた。この現象は、像の生物学的起源に一致している。細菌とカビが表面で活動している多くの古器物が、同じ現象を見せている。沈着物が理解されていないのは、微生物の活動が生む天然の沈着物について、真剣な研究がされていないためなのである。

聖骸布の正面と背面の像は、鏡面に映る像にも似ている。体の右側は聖骸布の左側に見え、左側は右に見える。とはいえ、ネガではこれが反転するわけである。聖骸布のネガプリントを見ると、体の左側はネガの左側、右側はネガの右側に見える。研究を目的とする場合には、ネガに見られるこの正常化現象が、聖骸布に示された病変部を説明するのに役立つ。

ピエモンテの中世近代美術館館長、ノエミ・ガブリエッリは、聖骸布像は生物学的性格のものではないと発表した。聖骸布は、未知の方法によって描かれた、中世の絵だというのである。ガブリエッリはのちに、十四世紀の画家は遠近画法もルネッサンス時代の印刷技術も知らなかったので、現在ヨハネ大聖堂に安置されている聖骸布は、十四世紀にリレイで見られたものと同じではない、トリノ聖骸布はリレイで公開された聖骸布の模写なのだと語った。

ガブリエッリの仮説は、一九三九年にトリノで開催された「聖骸布研究のための第一回会議」でヴィットリオ・ヴィアーレが出した説に真っ向から対立するものだ。ヴィアーレは、聖骸布はいかなる画法にも分類できないため、人間の芸術作品ではあり得ないと結論している。

第6章　聖骸布の微生物学

一九九六年一月二十六日と二十七日、サン・アントニオのテキサス大学健康科学センターで考古微生物学に関する最初の国際会議が開かれた。考古微生物学とは、時とともに古器物表面に繁殖する微生物のつくり出す生態系、その分布状況、二次的代謝産物を調べる科学である。カール・R・ウェーゼは、普遍的な系統樹を、アルケア、バクテリア、エウカリヤの三つに分類した。これらの微生物は、どれも古代の遺物の表面にいろいろな性質の皮膜を形成することがあり、生物合成ニス、砂漠殻、砂漠漆、砂漠ニス、岩ニス、保護膜など、各種の名前が付けられている。

生物合成ニス（ビオゲニック・ワニス）は、砂漠に見られる黒っぽい沈着物である。これを発見したのは、フンボルト（一七九三年）とチャールズ・ダーウィン（一八三二年）で、以来、広く研究されてきた。研究の多くは、二十世紀前半に行なわれている。

一九八〇年、ロナルド・I・ドルンがこれら天然の沈着物に「岩ニス」と命名し、そこに付着する数種類の微生物について記録した。一九八二年、ステーレーが砂漠の岩石に極微のカビが存在することを記録している。一九八三年には、テーラー・ジョージが、細菌（バクテリア）とデマチア科の叢生菌《そうせいきん》が、砂漠ニスの合成とどう関わっているかを記録している。

一九九三年四月、ミズーリ州セントルイスで開催された全米考古学会の会合で、私は『古代の土器と石器に見られる有機ニス』と題する論文を発表し、古代の出土品の表面で細菌が生産している天然プラスチック膜について論じた。

すべての生物は二つのグループに分類できる。原核生物は核膜のない原始的細胞核を持っている。真核生物は、核膜に内蔵する染色体と呼ばれる糸のなかに、すべての遺伝情報を持っている。生物を系統的に調べるときにまず必要なのが分類作業で、これをタクソノミー（分類学）と呼んでいる。細菌分類学は、最古の生物である細菌を分類し特定する学問だ。三五億年という古さの細菌も報告されている。

細菌はみな原核生物に属する。細菌と真核生物は、新陳代謝、成長、増殖といった細胞の働きをコントロールするのに、生きた細胞のなかで一番大切な分子であるタンパク質を使っている。細胞の建設資材に使われる分子を生む代謝活動を推し進めているのがタンパク質だ。活発なタンパク質分子が、細胞質中のリボソームで合成される酵素である。酵素（タンパク質）中のアミノ酸配列はリボ核酸（rRNA）に保たれている。これが、メッセンジャーRNA（m

RNA）と転移RNA（tRNA）を介してDNAから送られてくる遺伝情報から、タンパク質合成の暗号を受け取るのである。

遺伝情報を伝達するDNA分子は、二本のよじれた糸に似た二本鎖を持っている。一方は暗号DNAの鎖で、他方は鋳型DNAの鎖である。リボソーム、あるいはタンパク質合成の場は、細胞質にある。

細菌（原核生物）のリボソームは、カビ（真核生物）のそれとは異なる。前者の重さは70S、真核生物の重さは80S（Sはスウェドベルク法で算出される素粒子の蓄積率）。どの細菌にも、一万から二万個のリボソームがある。

原核生物（70Sの重さの細菌）のリボソームは30Sと50Sという、重さの異なる二種の顆粒で構成されている。小顆粒は16SのRNA分子と二一個のタンパク質分子からなる。大顆粒（50S）は5SのRNA一個、23SのRNA一個、三二個のたんぱく質からなっている。

細菌（バクテリア）はどれほど小さくとも、多岐にわたる物質代謝を行なっているが、栄養の取り方によって、次の三つに大きく分類できる。

1、他の有機物質から炭素を補給する有機栄養細菌（ヘテロトローフ）
2、空中の二酸化炭素を栄養源とする無機栄養細菌（オートトローフ）
3、いずれの条件下でも増殖できる混合栄養細菌（ミクソトローフ）

細菌が消費エネルギーを得るには、次の三つのメカニズムがある。

A、有機質の力の還元（臓器栄養細菌）

B、第一鉄イオンあるいはマンガンイオンの酸化

C、太陽光線のような放射エネルギー（光線栄養細菌）

どのメカニズムにおいても、電子を解放することがエネルギーを生む主たる方法だ。無機栄養細菌が空中から二酸化炭素を取り込むには、四つの方法がある。

a、カルビン回路

b、トリカルボン酸回路

c、アセチル補酵素A回路

d、グリシン合成回路。

無機栄養細菌が増殖するには二酸化炭素と窒素ガス、二、三のミネラル、それにエネルギー源——太陽光線か還元した鉄ないしマンガン——が必要である。

有機栄養細菌のなかには、二酸化炭素ばかりで、酸素をほとんど含まぬ環境で活発に繁殖するものがあり、この種の細菌を「微好気性細菌」と呼んでいる。

私は、多年にわたり、アルカリ環境下で生育する細菌に関する調査を行ない、四つの新しい属と、二〇の新種のアルカリ耐性細菌を発見した。メキシコ、エジプト、エリトリア、トルコのアルカリ環境における微生物研究によって、聖骸布に発見された極端なハロアルカリ耐性細菌の動きを理解できるようになった。私はまた、酢酸を合成できる極端な細菌も聖骸布に発見しているが、これはバチルス・プロテウスの種類である。

古器物の表面では、光合成をし、鉄とマンガンを酸化し、二酸化炭素と窒素を定着させることのできる、さまざまな微生物が繁殖活動を行なっている。これらの細菌が、酸化鉄、酸化マンガンや、バイオプラスチック（ＰＨＡ）を出土品の表面に沈着させているのである。このような細菌やカビの代謝活動を調べることによって、古器物の起源、年代、さらされてきた環境に関する情報が得られてくる。

私は、古代マヤ族のヒスイ工芸を研究してから、トリノ聖骸布に沈着している細菌の研究を決意した。表面の沈着を調べるのに使った方法はこのようになる。

1、後方散乱電子顕微鏡（ＢＥＭ）

2、細菌とカビの培地

3、分散エネルギー分光器（EDS）
4、フルニエ変移赤外線分光器（FT‐IR）
5、ガスクロマトグラフ質量分析器（GC／MS）
6、組織学の手法
7、免疫組織化学の手法
8、光学顕微鏡
a、透過
b、反射
c、位相差
d、偏光
e、葉緑フィルター
f、紫外線
9、電子顕微鏡スキャン（SEM）
10、ソリッドプローブ質量分析器（SP‐MS）
11、紫外線（254nm、366nm）
12、波長分析器
13、湿化学

聖骸布の繊維分析に最初に使ったのは光学顕微鏡である。黄色のバイオプラスチック膜が、無数の細菌と暗褐色のカビ（デマチア科の子嚢菌類《しのうきんるい》）とともに、亜麻の繊維表面に見つかった。さらに倍率を高めて観察すると、聖骸布繊維が、糸状菌の形成する網の目状集落に覆われていることが分かった。非像部分の布繊維の先端には、細菌の合成するピンク色素に染まった平行部が観察できた。

パラフィン法により、聖骸布の糸からいくつかの組織切片を用意した。パラフィン切片の染色には次の手法を使った。

A／抗酸、B／黒アミド、C／ベスト・カルミン、D／ギームサ染色法、E／ギームサ修正法、F／グラム染色、G／ヘマトキシリンとエオシン、H／メセナミン・シルバー、I／パパニコロー、J／シッフ反応、K／トルイジン青

シッフ試薬で染色した糸の薄片部分は濃いマゼンタ色に染まり、デマチア科のクロカビであることを明らかにした。この方法により、薄い青とマゼンタに染まった部分は、プレオクロ―ム現象［訳注：同一の物質でも環境により別な色を呈する現象］を現わしていることが判明した。赤に染まった多くの細菌が、繊維管の内側に観察できた。

私は、この微生物学を、A／ダニ、B／細菌、C／カビ、の三つに分けている。聖骸布から採取されたテープに付着していたダニは、一・五×二・七五ミリの大きさだった。

一部の細菌はいまも研究中だが、分離した三種の細菌のうち二種はすでに分類作業を終えて

いる。

a、グラム陰性バチルス（レオバチルス・ルブルス）。これは酢酸と抗菌物質、ピンク色の色素、プラスチック（貯蔵ポリマー）を合成する細菌で、幅広いPh（4・5－10）で繁殖できる。

b、ミクロコッカス・ルテウス群に属するグラム陽性球菌。

c、単独あるいは対になって培地に現れる、極端な好塩アルカリ性の、グラム陽性－グラム変性球菌。この細菌は、ナトロン（天然炭酸ナトリウム）のなかでも増殖し、アルカリpH域10から13で繁殖する。

研究は今も続行中である。これらの検査にあたっては次の培地を使用した。

1、心臓・脳浸出寒天
2、炭・イースト抽出寒天
3、クルムバインK2寒天
4、貴寒天（ミネラル寒天）
5、サブロー寒天
6、ティンダル寒天
7、トッド－ヒューイト寒天

8、トリプチケース大豆寒天（TSA）
9、トリプチケース大豆肉汁寒天（TSB）
10、血を含むTSA培地
11、5パーセント炭酸ナトリウムを含むTSA
12、10パーセント炭酸ナトリウムを含むTSA

各種培地に置かれた細菌は、A／屋内、B／無酸素状態、C／二酸化炭素一〇パーセントの微好気状態の各環境で培養した。純粋な海面上ガス類は、a／窒素（七八・〇九パーセント）、b／酸素（二〇・九四パーセント）、c／希ガス（〇・九三二パーセント）、d／二酸化炭素（〇・〇三四五パーセント）である。

……レオバチルス・ルブルス……

聖骸布から単離されたグラム陰性バチルス（GNBs）は長さ二～四ミクロン、直径一～一・五ミクロンと各種の大きさがあり、単独にも、対をなしても、フィラメント状にも発生する。繁殖条件によっては、嚢胞状の構造物をつくり出す。ほとんどの場合はグラム陰性に染色するが、グラム変性に染色する場合もある。ギームサ染色では青に染まる。

4・5から10の広いPh域で繁殖でき、光線栄養の条件下では嫌気菌として繁殖し、一〇パーセントの二酸化炭素を補強すると、有機栄養細菌、微好気性細菌として繁殖する。微好気性細菌の場合は繁殖がより速く、微好気・光線栄養の条件を与えた方が色素合成率は高い。

レオバチルス・ルブルスの生理学と形態学は、表現型から言えば、酢酸菌のいくつかに類似している。いずれもグラム陰性－グラム変性の細菌で、単独にも、対をなしても、フィラメント状にも繁殖し、抗菌物質を合成する。酸性の側で始まる広いPh域で繁殖し、アルファー型の非硫黄性紅色細菌に属する。これは、最近ではアルファー型バチルス・プロテオに分類されている。

酢酸菌の代謝活動はとても重要だ。この細菌は酢のなかで繁殖すると同時に、酢を合成するのである。ナザレのイエスが十字架上で酢いぶどう酒を差し出されたというのは興味深い一致であろう。

遺伝子型（16S・rRNA）の点では、レオバチルス・ルブルスはベイジェリンクキア属にもっとも近い。ベイジェリンクキアは、細胞封入体としてのプラスチックを、貯蔵ポリマーのかたちで大量に合成する。窒素とアンモニアを定着させる細菌であり、酢酸を合成する。

この窒素定着の特質は、トリノ聖骸布の保存にとってきわめて重要なのである。聖骸布を、窒素と置換した酸欠状態で保存するという誤った判断が一部にあるが、これが行なわれると窒素定着性細菌の繁殖のバランスが崩され、聖骸布を壊すことになるからだ。

このグラム陰性細菌を分類するにあたっては、細胞脂肪酸の組成と16S・rRNAのヌクレオチド配列を使った。この細菌は、アルファー型バチルス・プロテオと判定されるAAAUCGのオリゴ酢酸塩の配列をもち、ベイジェリンクキアとロードプソイドモナスの中間に位置づけることができる。

この新種の属と種に与えられた名前が、レオバチルス・ルブルスである。GC（グアニン・シトシン）の容量は五五・五パーセント。古い分類法を使えば、レオバチルス・ルブルスはGC容量五五パーセントの無酸素・光線栄養・非硫黄性紅色細菌となる。細胞脂肪酸テストでは、新種の非硫黄性紅色細菌であることが判明している。

……酢酸菌……

表現型からいえば、レオバチルス・ルブルスは酢酸菌に似ている。いずれもアルファー型の非硫黄性紅色細菌に分類され、グラム陰性ないしグラム変性の細菌で、単独でも対でも、長いフィラメント状でも繁殖する。いずれも酸性側で始まる広いPh域で増殖し、抗菌物質を合成する。

酢酸菌とは、酢酸（酢）を食べ、合成するところから付けられた名前だ。主に四つの種類があり、株がいくつもあり、異なった比率のGCをヌクレオチドに持つ。

アセトバクテル・アセティは、55GCを含有する。アセトバクテル・パステウリアヌスは五二・八～六二・五パーセントのGCを含有する。アセトバクテル・ハンセニは五八・一～六二・六パーセントのGCを含有する。

レオバチルス・ルブルスのGC含有率は、前にも見たように、アセトバクテル・パステウリアヌスに近似する五五・五パーセントで、この細菌の株はセルロースを合成できる。ポリマーは細胞膜外で生産され、最初の段階では菌膜を形成するものの、二、三日後には細菌綿を形成する。

私は五〇年以上も、それと知らずにこの種の酸菌を繁殖させていた。子供の頃、私はよく小瓶を使って、メキシコ特産の飲料を醸造したものである。パイナップルの剥き皮を入れた、テパチェと呼ばれる飲み物だ。この飲料の表面に繁殖する細菌は、ナタあるいはマドレと呼ばれ、酢酸を合成するのである。聖骸布の人がイエス・キリストであるとすれば、死の間際にイエスに差し出された水と酢いぶどう酒と、聖骸布に繁殖するレオバチルス・ルブルスとの間には、深い関係があるのではないだろうか。

……**抗菌物質**……

レオバチルス・ルブルスは、イースト菌とカビ（アクレモニウム・ヒアリヌルム、アスペルギルス・フミガツス、クラドスポリウム種の菌類）の繁殖を阻止する抗菌物質をも合成する。抗菌物質は、二次、三次の分生子柄とカビの梗子《こうし》の伸長に変化を起こさせ、アスペルギルス・フミガツスの分生子発生に異常をきたす。この抗菌物質が、ここでも、聖骸布を保護する細菌のバランスに役立っている。

……ピンク色の色素……

無酸素・光線栄養・非硫黄性紅色細菌に見るピンク色の色素は、細菌クロロフィルa、細菌クロロフィルb、偽カロチンによって生じるものである。細菌の細胞中にある偽カロチンとチトクロームaは、ソレー帯での吸収スペクトルをもっているのだが、これは従来、ヘモグロビンにしか見られないと考えられていた特質である。

……プラスチック……

聖骸布の糸の断片をサブロー寒天培地に置き、四カ月間放置しておくと、繊維表面の細菌がつくり出すバイオプラスチック膜（ＰＨＡ）は目立って増えてくる。ＰＨＡにいちばん近いプラスチックは人工ポリプロピレンだが、これは密度が〇・九〇五で、一・二五の密度をもつＰＨＡとは異なる。

……ミクロコッカス・ルテウス……

球菌（ミクロコッカス・ルテウス）は球形の細胞をもつグラム陽性の細菌であり、単独でも、対でも、四裂体でも、集落のかたちでも繁殖するが、フィラメント状、鎖状には繁殖しない。

耐塩性であり、濃度一二パーセントの塩化ナトリウム溶液のなかでも繁殖し、人の皮膚には普通に存在する細菌である。トリノ聖骸布にもこの菌は見られるが、それはありふれた不純物とみなせる。

……極端な耐アルカリ性細菌……

聖骸布からは、高濃度の塩化ナトリウムと高いPhの環境でも生育する細菌が分離されている。この細菌はナトロン（炭酸ナトリウム）を含む培地のなかでも繁殖できる。

第7章　聖骸布を包む天然プラスチック

一九九三年五月十八日、私は、G・リッジが一九八八年四月二十一日に聖骸布から除いたトリミング部から、糸を裁断する機会を得た。そのときの感触は、確かに、普通の布切れを裁断するのとは異なっていた。鋭利な鋏で切ったときに感じたのは、薄い銅ないしはプラスチックのワイアーを切断するときに近い感覚だった。

聖骸布の糸は特殊な光沢を帯びている。それについて、イアン・ウィルソンがこのように書いている。

「亜麻布は、長い年月のうちに象牙色に変化していたが、なお驚くばかりのきれいな外観を備え、ダマスク織のごとき表面の光沢さえ見せていた」

光学顕微鏡で糸を調べてみると、亜麻の繊維の表面が一様ではないことに気がつく。表面には不均一な膜がかかっていて、厚い部分も薄い部分もある。それは、自分がたびたびアメリカ考古学会会合で議論してきた、プレコロンビア時代の出土品に見られる、天然の沈着物を彷彿とさせるものだった。

古代の遺物にかかったこの透明な膜は何なのか。現代の技術でも真似できないほどの見事な光沢を備えた、古代のヒスイ彫刻に見るものと同一のものなのだろうか。それは、細菌が貯蔵ポリマーとして合成したポリエステルであり、古代の出土品の表面に堆積しているものなのだ。トリノ聖骸布は、まさに天然プラスチック加工された織物といえるのである。

細菌のなかで合成されるプラスチック（貯蔵ポリマー）は、よく知られた構造を持っている。それは、3ヒドロキシアルカノ酸で、このなかでもベータヒドロキシブチレート（3HB）は広く知られている。こうした脂肪物質は、細胞が栄養不足に陥ったときに、ふんだんに合成されるものである。共重合体としてのベータヒドロキシブチレートとベータヒドロキシイソバリレートは、「バイオポル」の商標名で産業用に販売されている。

レオバチルス・ルブルスが合成する重合体（ポリマー）は、中鎖ポリヒドロキシアルカネート（mcl-PHA）である。私はメキシコで出土する各種の土器がこのプラスチックに覆われているのを観察している。

……重合体（ポリマー）……

「多くの部分から成る」を意味するポリマーという語は、分子構造が十分に知られていなかった一八三二年に、スウェーデンの化学者ベルツェリウスが発案したものである。当時は、分子についての論争の絶えなかった時代で、多くの化学反応を使ってその構造が調べられていた。

一八六三年四月二十七日、ピエール・ユジェニ・ベルテロがパリ化学会会合で、重合体の説明を行なった。それは、この問題に関するはじめての科学討論といえるものだった。

一八七七年にはロシア人化学者アレクサンドル・ブレロフが、フッソ化合物を用いて、プロピレンに似たオレフィンを重合することに成功した。一九五三年にノーベル賞を受けたヘルマン・スタウディンガーは、ハロゲン化合物を重合化の触媒に用い、さらに研究を敷衍した。彼は、このように報告している。

「不飽和化合物を重合させる物質についての体系的研究が、まったく行なわれていない。このために、広範囲なハロゲン誘導体をテストし、どれが高分子重合体をつくり出すかを見極めているのである」

一九五〇年までにカール・ジーグラーが、特定の転移金属化合物の下で、トリエチルアルミニウムがエチレンを高分子重合体に変えることを発見した。一九五四年、ギウリオ・ナッタが、ジーグラーの発見したエチレンの低圧重合法を使い、プロピレンの重合に成功している。一九五四年十二月十日に、ナッタは、線状結晶構造のポリプロピレンの合成に関する論文を『アメリカ化学会ジャーナル』で発表した。ポリプロピレンは不斉炭素と同じ配列で、鎖状分子の螺旋化によって生じる結晶構造をもっている。ナッタは、構造を均一化するためのアイソタクティク（均一手法）を提起した。

実験室で合成される重合体についてこのように述べてきたのは、トリノ聖骸布の繊維を保護する天然重合体（ＰＨＡ）が、合成重合体よりも優れた特性を持っていることを、読者に知っていただきたいからである。

……プラスチック………

プラスチックについての最善の定義は、一九六八年にヤスリーとカズンズが与えたものだ。

「適度な温度と圧力を加えると液化し、望む形に変えられ、加えられた熱と圧力を取り去れば、形を保持できる有機物質」

十九世紀に産業で使われていたプラスチックは、どれも天然の素材からつくり出されたものだ。例えば一八三九年、チャールズ・グッドイヤーは木からゴムを採取し、加硫と呼ばれる方法によって形を整えた。プロクシリン（硝化綿）は、一八四六年にフリードリッヒ・ションレーンによって発見された。セルロイド（パルケシン）は一八六二年、パーカーによって発見された。プラスチック・カゼインは一八九七年、Ｗ・カーシェによって発見された。

完全な合成プラスチックが発見されたのは、二十世紀になってからのことである。一九〇九年、ベルギー人科学者のレオ・ベークランドが、フェノールとホルムアルデヒドの反応を使い、ベークライトと呼ばれる新種の化合物をつくり出した。

……バイオプラスチック膜……

聖骸布繊維表面を覆う沈着物の研究で、私が最初に発見したのは、その皮膜が有機質であるということだった。これは赤外線分光器（FT-IR）による最初の試験で証明されている。前にも述べたように、レオバチルス・ルブルスが蓄える貯蔵ポリマーは、ポリヒドロキシアルカネート系のポリエステルである。この細菌は、中鎖ポリマー（mcl-PHA）を合成する。もっとも単純なPHAは、一九二六年にフランスで最初に報告されたベータヒドロキシブチレートのポリエステルである。PHAのもっとも重要な面は、生分解性［訳注：環境のなかで自然分解されること］にある。

……天然プラスチック加工された織物……

ロザリン・デビッドは、その著『ミイラの不思議』のなかで、ミイラ処理について次のように書いている。

「体を洗い、シュロ酒と砕いた香料ですすぐ。それから、砕いた没薬と桂皮その他の香辛料をなかに詰め込み、ふたたび縫い合わせる。次に、ナトロン（天然炭酸ナトリウム）で保存するが、実際にどのような方法が使われたのかについては諸説がある。以前は、体はナトロン風呂に浸されたと考えられていたが、乾燥ナトロンが使われた可能性もある」

デビッドは、こうも書いている。

「ミイラ処理で主に使われるナトロンは、天然の鉱床に生じる塩の化合物である。鉱床から採取されたサンプルは、炭酸ナトリウム、重曹あるいはベーキングパウダーの名で親しまれている重炭酸ナトリウムが主成分だった」

古代の織物の炭素年代測定にバイオプラスチック膜がどう作用したのかを調べるために、私は二体のエジプトミイラを包む布を調べた。一体はマンチェスター博物館所蔵のミイラで、もう一体は私が個人的に所有しているものである。

……マンチェスター・ミイラ一七七〇……

このミイラは、エジプト考古学者として著名なフリンダース・ピートリ卿（一八五三〜一九四二）が発掘したもので、一八九〇年代から博物館に納められている。

ミイラは一三歳の少女のもので、ロザリン・デビッド率いる科学チームが一九七五年六月十日に初めて覆いを取った。包帯の保存状態は極めて悪かった。外側の包帯は細布で、亜麻で作られた織物が内側を巻いていた。亜麻の繊維の直径は一二から三〇ミクロン。今の布繊維と比較すると、ミイラ一七七〇から採取された繊維は壁が厚く、中央の洞は狭い。織物の大部分は二重織りであり、一枚織りは一部分にしか過ぎない。

マンチェスター大学化学研究室のG・W・A・ニュートン博士によって幾つか炭素年代測定が行なわれた。覆い布とミイラの骨の両方について測定を行なったが、著しく違う結果がでている。骨の炭素年代は三一六一年前（BC一五一〇年）だったが、覆いの年代は一七五八年前（AD二五五年）とでた。一五〇〇年もの誤差である。

デビッド博士は微生物考古学第一回国際会議に出席するため、一九九六年一月にテキサス州サン・アントニオを訪れた。私は、彼女が持参したミイラ一七七〇の覆いの一部をもらい受け、光学顕微鏡検査を行なった。そこに発見したのは、亜麻の繊維が厚いバイオプラスチック膜に覆われているということだった。それは、私がすでに他の古器物に発見していたものに類似していたが、膜には赤い染色部が認められたため、それをさらに鑑定する必要があった。

……エジプトのイビスのミイラ……

微生物考古学会議ではイビスのミイラも調べられたが、やはり、亜麻布をバイオプラスチック膜が覆っていることが確定された。六モルの水酸化ナトリウム溶液を使い、亜麻の繊維からセルロースを溶出、強アルカリ溶液を用いて亜麻の繊維を分解した。セルロースが壊れた後でさえ、バイオプラスチック膜は空のチューブとして後に残った。

デビッド博士が炭素測定用に提供したサンプルは、骨と干からびた脚の筋肉、覆いから摘出したもので、ダグラス・ドナヒュー博士がサンプルをタクソンのアリゾナ大学放射炭素測定室に持ち帰り、そこで鑑定を行なった。そこから四種の結果が出た。

1、酸‐塩基‐酸で洗浄し、蒸留水ですすいだミイラの覆い布（二二五五±七五年前）
2、アセトンに続き、酸‐塩基‐酸で洗浄したミイラの覆い布（二二〇〇±五五年前）
3、イビスの骨から採取したコラーゲン（二六八〇±八〇年前）
4、イビスの骨付近から採取したコラーゲン（二五七〇±八〇年前）

結果は、布はイビスの骨と組織よりも四〇〇年から七〇〇年新しいことを示していた。鑑定にあたった科学者のなかには、イビスの食習慣に誤差の原因を求める者もいた。地中海海底の魚を食べていたからだ、というのである。

だが、イビスの骨と組織のコラーゲンのデルタ13Cはミル単位マイナス二一、覆いにいたってはミル単位マイナス二六・五で、デルタ13の値が「ゼロ」の海洋生物とはまったく違い、イビスが地中海の魚を食べてはいなかったことを証拠づけていた。

私は炭素測定が実施される以前から、イビス本体のサンプルと覆いのサンプルの炭素年代に、少なくとも五〇〇年の誤差がでれば不純物が存在する証拠になる、とハリー・ゴーブに予言していたが、結果は予想通りだった。マンチェスター・ミイラの測定でも同じ結果がでている。

トリノ聖骸布を覆うバイオプラスチック膜は、マンチェスター・ミイラ、そして、このイビス・ミイラのバイオプラスチック膜よりも厚い。イビス・ミイラのコラーゲンと覆いの年代の誤差は、平均して五五〇年だった。

第8章　真の十字架の木

「キリスト教徒の伝説によれば、森の木々は、うばめ樫以外はみな、イエスの十字架の木になることを拒んだ。だが、うばめ樫は、イエスとともに死ぬことを喜んだので、イエスはこの木をお許しになった」

——モルデンク

磔刑は、古代におけるもっとも残虐な処刑法であった。ローマの作家キケロは磔刑を「セルビレ・スプリキウム」と呼んでいる。ローマ人がイスラエルを占領するまでは、ヘブル人のあいだには磔刑のならわしはなかった。律法の定める死刑は石打ちだったからだ。パレスチナで磔刑が確立したのは、イスラエルがローマの属領になってからのことである。

ローマ人は十字架にかける前に、受刑者を鞭打ちの刑に処した。スパルタクスが叛乱を起こして以後、ローマ人は六〇〇〇人の奴隷を磔刑に処したといわれている。受刑者はみな、十字架の横木（パティブルム）を背負い、処刑場に引かれていく。そこで裸のまま横木に釘打たれて、立てられている柱（スティペス）に掲げられた。

通常、パティブルムの中央にはほぞがあり、スティペスのほぞ穴に、上からはめ込むことになっていた。ローマのラテラノ宮殿、サンタ・クローチェ教会には、「良き盗賊」の十字架のものと信じられているパティブルムが展示されている。

第一世紀には、パレスチナで多くの人々が十字架の上で死んだ。ユダヤ人歴史家、フラビウス・ヨセフスは『ユダヤ戦記』のなかで、エルサレムで毎日五〇〇人以上のユダヤ人を十字架にかけるよう、ティトス皇帝が命じたと書いている。

あまりに磔刑の数が多いため、ローマ兵たちは手近な樹木から十字架を作り、作業をなるべく簡略化しようとした。イスラエルにもっとも広く分布する樹木の種類は、樫である。『トリノ聖骸布』のなかでウェルナー・ブルスト（イエズス会士）は、エルサレムで十字架を造る際のいちばんの問題点は、「パレスチナでは木材が極めて稀であったこと」と書いている。

ローマ人が好んで使った十字架は、ギリシャ文字のタウの形をした「クルックス・コミッサ」だったのだが、キリスト教作家の多くは、ナザレのイエスがクルックス・カピターラの名でも知られる、クルックス・イミッサにかけられたと信じている。それは縦の柱（スティペス）が横木のパティブルムから突き出した十字架で、この突出部に、ピラトの命じたＩＮＲＩの銘文が取り付けられたというのだ。ナザレのイエスの十字架の正確な形状はいまだ証明されていないが、今後も証明されることはなかろう。イエスがクルックス・イミッサにかけられたとすれば、ローマ人がこの場合だけ例外を設けたことになる。

……真の十字架………

コンスタンティノープルは三二八年十一月四日、コンスタンティヌスI世によって祝別された都市である。彼はキューポラを頂く四つの凱旋門を建てさせ、もっとも尊ぶべき聖遺物とされる「真の十字架」をこの上に奉納した。だが十字架は、いかにしてビザンチン帝国の皇帝の手に渡ったのであろうか。

伝説によれば、AD三二六年、コンスタンティヌスI世の母、聖ヘレナが、真の十字架の木を捜すためにエルサレムを訪れた。エルサレム大司教、マカリウスの助けを得て、ヘレナはゴルゴタの丘近くに聖墳墓の場所を探し当て、そこに三つの十字架が埋まっているのを発見した。三つの十字架のどれにイエス・キリストがかけられたのかを調べるため、死んでまもない人の遺体が使われた。真の十字架の木に横たえるや、遺体は即座に息を吹き返した。聖墳墓教会は、三つの十字架が発見された場所に建てられた。

興味深いのは、カイザリアのエウセビオスが『教会史』と『コンスタンティヌスの生涯』のなかで、真の十字架の発見については何ひとつ語っていないことである。真の十字架の発見を最初に報告したのはエルサレムのシリルで、それを記す『カテケシス』が書かれたのは、この木が「発見」（発案？）されてから、三一二年も経ってからのことである。

六一四年、ペルシャ将軍シャー・バラズがエルサレムを占領し、この聖遺物を手にするときまで、それはエルサレムに保管されていた。六二八年、ビザンチン皇帝ヘラクリウスがペルシャ軍を破り、エルサレムの遺物をみな奪回した。その年の九月十四日、ヘラクリウスはコンスタンティノープルに勝利の凱旋を行なった。ノーウィックはこう記している。

「行列は、セルギウス大司教が待つ聖ソフィア寺まで、ゆっくりと街中を練り歩いた。それに続き、荘厳なる感謝のミサが行なわれ、救い主の真の十字架が掲げられて、祭壇の前にまっすぐ立てられた」

六二九年、ヘラクリウス皇帝と妻のマルティィナ、長男のコンスタンティヌスは、真の十字架をエルサレムに返還した。

「聖都に着くと、彼はヴィア・ドロロッサを通って、新築された聖墳墓教会までこの十字架をみずから運び、待っていたザカリアス大司教がこれを受けて、管理下に置いた」

聖なる木の一部とされるものが、たくさんの教会に配られている。そのいくつかはローマのサンピエトロ大聖堂、ラテラノ宮殿の聖十字架教会にあり、ウィーンのシャルルマーニュ十字架教会、聖ステファノ教会、リンブルグの勝利の十字架教会にもいくつかが納められている。

コローニュのカテドラルには真の十字架の一部とともに、三つの聖遺骨が保管されている。ミラノの聖マルコ・カテドラル、オビエドのカテドラル、コンスタンティノープルにも一部が納められている。真の十字架の大きな部分が一二四一年九月十四日、聖堂騎士団によってフランスの敬虔王ルイに献上された。王は裸足で、この木をパリのサン・シャペールへ運んだといわれている。スペインのセゴビア、真の十字架教会は、かつて聖堂騎士団の神殿があった場所だが、ここにもいくつかが保管されている。これ以外にも、真の十字架の一部を保管する大聖堂は少なくない。

……聖骸布に付着していた木片……

一九八八年四月二十一日に聖骸布像背面からリッジが採取したサンプルからは、木屑を含む血の染みがいくつか検出されている。私はリッジが聖骸布から血を剥ぎ取るのに使ったテープサンプルのうち、二つを鑑定する機会を得た。いずれも二センチ×五ミリの小片で、血のサンプルが付着していた。

これら二つのテープに発見された木に関係する残留物は、次のとおりである。a／木の細管一〇本、b／木の繊維五種、c／葉の残留物、d／木に繁殖するカビ七種。

スコッチテープに付着した木の細管は、長さが五〇〇から二〇〇〇マイクロメーター、幅二五〇から一二〇マイクロメーターに分かれ、樫（クエルクス）の細管に特徴的な構造を持っていた。これら細管は、やはり聖骸布のバクテリアによってプラスチック化されているが、粉々になり、一部は血の底に沈殿している。現在のところ、木の繊維と葉の残留物については精密に分類できずにいるが、これらも樫に属するものと思われる。

私は異なった種類の樫の細管を調べるため、組織の薄片をＰＡＳで染色し、光学顕微鏡の下で何種類かの樫の精密分析を行なったが、それぞれを特定するまでにはいたっていない。伝説によれば、十字架はうばめ樫（クエルクス・イレクス）で造られた。別な証明がだされない限り、聖骸布に発見された木の残留物は、聖骸布の男がゴルゴタへの道で倒れたときに背中に突き刺さった木の薄片であろうと信じる。

聖骸布背面の血に樫の薄片が発見されたことは、十字架の横木、パティブルムが、樫から造られていたことを暗示する。伝説を除けば、この発見は、真の十字架の遺物を松と鑑定したこれまでの顕微鏡分析に対立するものである。

この食い違いには、四つの説明が可能である。

1、パティブルムは樫から造られ、柱のスティペスは松から造られた
2、背中側の血中にある樫の断片は、みな混入物である
3、トリノ聖骸布はナザレのイエスの埋葬布ではない
4、十数世紀に渡り各教会に保管され、尊ばれてきた真の十字架の木はみな偽物だった

真実性が確認されている伝説によれば、ナザレのイエスの体はパティブルムに釘づけされた

まま十字架から降ろされ、スティペスは他の磔刑に使うのにとっておかれたという。AD三二六年に、ゴルゴタの近くで完全な十字架が発見されたと信じるのは困難である。

聖骸布像の背面の血に混入していた樫の細管、木の繊維、葉の残留物は、パティブルムがきれいに削った松の角材ではなく、樫の丸太であったことを示している。

第9章　ゴーブの加速器型質量測定器

ロチェスター大学核構造学研究所のハリー・ゴーブが一九九七年九月六日に記した、加速器型質量測定器に関する論文を資料として掲載しておく。

——普通、原子核の特性を調べるのに「加速器」が使われているが、これを応用した重要な機器がある。その一つ、タンデム静電加速器は、プラスの活性イオンのビームを発生させる機械である。イオンは目標の原子核に浸透して、各種の核反応を起こす。それを精密解析すれば核の特性が明らかになる。

タンデム加速器は、最初にマイナスイオン（余分な電子が加えられニュートラルになった原子）をつくり出す。周期表のほとんどの元素は、安定したマイナスイオンをすすんでつくり出し、イオンは真空管を通して陽極に引き寄せられ、光速の二、三パーセントの速度でそこに到達する。イオンは、極の内部で薄い箔ないしはガス管を透過、そこで箔ないしガスの原子と衝突する。衝突の際に、イオンは陰電荷をつくり出している余分な電子に加えいくつかの電子を失ない、大量の電荷を帯びたプラスイオンに変化する。イオンは、極からさらに加速してタンデム加速器の後半部を通過し、基底電位に戻る。この段階で、イオンは正確にエネルギー解析され、電磁屈折場によって目標に向けられる。これは加速するイオンの質量を計測するのに普通使われているものだが、システム全体は特殊な質量分析器のようなものである。

ここで質問がでてくるかもしれない。なぜこのようなものが必要なのか。従来の質量分析器に優る長所はどこにあるのか。

答は放射性炭素の年代決定の分野にある。安定炭素（炭素12）は、二つの質量からなり、六個の陽子と六個の中性子が原子核にある。

炭素13には、同数の陽子があるものの、中性子が一個余分にある。このような不安定な――つまり「放射性」の――炭素がいくつか存在する。

陽子六個、中性子八個をもつ炭素14もそれである。よく「放射性炭素」と呼ばれているのがこれだが、実際には、不安定な炭素はみな「放射性炭素」である。

炭素14が取り沙汰されるのは、半減期が五七三〇年と、かなり長生きするからだ。これは、一〇〇個の原子が今あるとすれば、五七三〇年後にはそれが五〇個になり、さらに五〇年後には二五個になることを意味する。

炭素14は、宇宙線の中性子が空中で窒素14と反応を起こしてできるのだが、大気中の二つの安定した炭素同位元素と同様、すぐに酸素と結合して炭酸ガスをつくり出す。安定した炭素原子と比較すると、炭素14の誕生と崩壊には一定の比率のあることが分かる。

かりに、大気中から一千億個の二酸化炭素分子を取り出してみれば、ほとんどは炭素12からなり、一〇億個（一パーセント）は炭素13から、そして炭素14でできているものはたった一個しかないことが分かるだろう。いかなる生物（動植物）も二酸化炭素を吸っているため、すべての生物は、安定した炭素に対するこの不安定な炭素14の比率をもっている。

ところで、生物が死ぬと二酸化炭素の吸収は停止する。安定炭素は変化しないが、炭素14は崩れ続け、新たに追加されることはない。五七三〇年前に死んだ生物には、今生きている生物の半分の炭素14しかないわけである。そこで、ある生物が死んでからどれくらいの歳月が経過しているかを正確に知るには、炭素12に対する炭素14の比率を調べればはっきりする。

これを行なう直接的な方法は、炭素サンプルをまずガス（二酸化炭素など）に還元して、炭素14崩壊時に放出される電子の比率を計算することだ。この計算率は、サンプル中の炭素14原子の数に比例している。それを、すでに年代の分かっている（今の炭など）炭素から作ったガスサンプルに比較すれば、未知のサンプルの年代が判明してくる。

炭素崩壊を計算するときに不都合な点は、炭素14の半減期に関係している。サンプル中の炭素14原子で、決まった計算率で崩壊するものは極めて少ないのである。今の炭素一グラムをガスに還元して計算機にかけると、一〇〇〇の数値をだすのにまる一日かかる。この時点で、サンプル中の炭素14の、一〇〇〇万分の一しか測定できていないわけで、非常に効率が悪い。一〇〇分の一の微小サンプルを使っても、確度一パーセント（十一八〇年）の年代をだすのにまる二カ月を要する。

そこで、崩壊度を調べることなく直接炭素14を検出する方法が、長いこと求められていた。その答えになったのが質量分析器である。これはプラスイオンから測定し始める装置で、イオンを控えめに加速してから、電磁場を使い、質量に比例する量だけ粒子を屈折させ、異なる質量のイオンを分別する機器である。

ここで問題なのは、サンプルからでてくる各種のプラスイオンが、炭素14に近似する質量を持っているということだ。炭素14と同質量の窒素14と、炭素12、13が変異した質量14の分子が生じてくる。これら莫大な数の質量14のイオンから、極めて微量な炭素14をふるい分けなければならない。だが、タンデム静電加速器の導入によって、この問題を即座に解決することができた。

一九七七年五月、ロチェスター大学核構造研究所において、研究所職員、トロント大学、ゼネラル・イオネクス社の科学者チームによって実施された最初の測定では、かなり古い炭素（石油系の黒鉛）と若い炭素（バーベキュー用の木炭）のサンプルが使われた。システム全体の効率は、先の炭素崩壊測定の手法と較べ、一万倍である。

炭素年代測定の実験者を魅了するのは、小さなサンプルである。一〇〇分の一グラムほどの炭素サンプルでも年代測定に成功しているが、普通使われているのは一〇〇〇分の二、ないし三グラムのサンプルなのだ。これは地質学、考古学、人類学での年代決定に新分野を切り開いている。古代の出土品の全体を損なうことなく年代を測定できるからである。

いくつか興味ある例をあげてみよう。カリフォルニアのデルマールで、一体の人骨（デルマール人）が発掘された。アミノ酸ラセミ化と呼ばれる年代決定法により、人骨は五万年前のものとされた。真実であるとすれば、驚くべき結果である。この年代算定法は今も物議をかもしているが、炭素測定法によってその真偽もはっきりしてくるに違いない。とはいえ、測定を信頼度の高いものにするためには、骨のアミノ酸炭素をサンプルに使い、人骨をほとんど損なわずにすむ最新の方法に頼る必要がでてくるだろう。

もう一つ、バイキングのものと想像されている遺跡が、ニューファンドランド北端で発掘されている。この焚き火跡が溶鉱に使用されたことは明らかである。焚き火跡から溶けた鉄が発見されたからである。北米先住民族は、近代まで石器時代にあったので、遺跡はヨーロッパ人が使ったものと結論づけられている。溶鉱のなかに見つかったわずかな炭は、火を燃やすときに使われた木材と考えられている。このサンプルは、従来の機器では不充分だが、新しい加速器で年代をだすには十分な量なのである。遺跡の年代は約ＡＤ一〇〇〇年とされている。

最後に、一九七七年にシベリアのマガダンの氷河から発掘されたマンモスの凍結遺体がある。

ソビエトの科学者は一・三グラムの筋肉のサンプルを、ウェイン州立大学解剖学部の職員に提供した。その研究によって、サンプルに赤血球と白血球のあることが確かめられた。彼はサンプルのうち七九ミリグラムをロチェスターの協力者に提供した。その一部が一八ミリグラムの炭素に変換され、タンデム加速器で年代の測定が行なわれた。年齢は二万八〇〇〇年であった。

一九七七年五月に最初の測定が実施されて以来、世界およそ四〇カ所の研究室が、この新しい応用物理の分野に取り組んでいる。さらに目覚ましいのは、ロチェスターのシステムに基づいて、放射性元素の年代測定のために特に考案された小加速器を備える研究所が増えてきたことだろう。大型のタンデムでは端子電圧は一四〇〇万ボルトまで上げられるが、放射性炭素測定には高すぎる。だが、この特殊システムは端子電圧が二、三〇〇万ボルトですむ。値段も一基七五万ドル程度である。従来のものと較べ、十万分の一のサンプルに対応することができ、六万五〇〇〇年にさかのぼる年代測定が可能なうえ、プラス・マイナス三〇年の範囲で正確に年代を割り出すことができる。

中性子宇宙線の流れは、いつの時代にも均一だったわけではないので、炭素14の生産率には異同がある。この変化の範囲を計測する手段も必要になってくるだろう。

アリゾナ大学年輪研究所は、樹木年代学を使い、ブリッスル松の年輪の真の年代を八〇〇〇年までさかのぼらせている。樹齢四〇〇〇年のブリッスル松が今もある。樹齢が分かっている木を炭素測定にかけることによって、炭素年代を正しく修正する目盛り曲線が得られるであろう。すでに、樹木のサンプルと炭素崩壊測定法を使い、ブリッスル松の年代測定が行なわれていて、目盛り曲線の重要性は確認されている。

たとえば、AD一七〇〇年の炭素年代の真の年代はAD一八五〇年、AD一年の炭素年代の真の年代はAD一〇〇〇年、BC三六四〇年の炭素年代の真の年代はBC三〇〇〇年、など。今では、八〇〇〇年以下の有機サンプルは、加速器型質量分析器に必要な二、三ミリグラムほどのサンプルと、この正確に測定された目盛り曲線を使うことによって、正確な年代をだせるようになっている。

訳者あとがき

本書は、"The DNA of God?; The True Story of the Scientist Who Reestablished the Case for the Authenticity of the Shroud of Turin", by Dr. Leoncio A. Garza-Valdes, Doubleday, 1999 の邦訳である。

著者のガルツァバルデス氏は医学博士で、アメリカ・テキサス州サン・アントニオ、テキサス大学健康科学センターの微生物学教授。一九九〇年代に専門の微生物学の観点からトリノ聖骸布の精密鑑定に携わり、聖骸布中世説を突き崩したことで世界的に知られている。その研究は、今年、NHK衛星放送で放映された「地球に好奇心　聖骸布の謎を追う」でも紹介されたので、ご存じの方も多いと思う。

聖骸布は長いこと、イエス・キリストの埋葬布であると信じられ、カトリック教会で篤い崇敬の対象になってきた、聖遺物である。だが、一九八八年の大英博物館の発表以来、中世の遺物であるとの認識が一般化するようになった。放射性炭素測定法という最新技術を用いての年代測定が三カ所の実験施設で行なわれ、ほぼ十四世紀という年代がだされたためだ。そして今では、裏事情を知っている科学者以外は、その報道を真実のものとして受け入れている人々がほとんどのように思われる。

これ以後、聖骸布はキリストの埋葬布ではなく、中世に造られた贋作であるとの前提に立つ本が世に出回るようになった。レオナルド・ダヴィンチが原始的写真技術を使って、被写体（自分自身）を布に焼きつけたものであるという説、フリーメーソン系聖堂騎士団の指導者ジャック・ド・モレーを描いたものであるとの説など、矛盾しあう諸説が氾濫し、聖骸布を取り巻く状況は、以前にもまして混沌としてきた感がある。

真実はどこにあるのだろうか。そもそも炭素測定は信頼できるのか。

本書の著者、ガルツァバルデス博士が聖骸布の実地検査に情熱を燃やすようになったのは、古代マヤ族のヒスイ工芸を顕微鏡鑑定して以来のことである。博士所有の、この古代の呪術品の信憑性について、鑑定家が疑問を投げかけた。真新しく見える光沢を持っていることから、最近の作であるとの判断が下されたのだ。博士はみずから確認すべく、専門知識と技術を結集して、ヒスイ細工の顕微鏡鑑定を開始する。ヒスイの表面には、古代の木綿繊維と人間の血の残留物が認められた。さらには、それらを栄養源とする無数のバクテリアの集落が存在することを発見した。驚くべきは、これら細菌類が透明な天然プラスチックを合成し、古代の遺品の表面をきれいにコーティングしていたことである。ここにいたって、鑑定家の年代決定に誤診を招いた原因は、これら細菌がつくり出す、バクテリア・コーティングにあることを博士は知った。

時期を同じくして、聖骸布中世説が世界を駆けめぐった。これを知ったときに、博士は、自分の経験と聖骸布の鑑定との間に、奇妙な符合を感じ取る。聖骸布の年代を新しくしたこの鑑定結果もまた、古代の遺品をすっぽり包む天然プラスチックと関係するのではあるまいか。

博士は、苦労の末に聖骸布のサンプルをトリノの管理責任者、リッジ博士から入手。細菌類の権威者の目から、独自の顕微鏡鑑定に入る。

結果は驚くべきものだった。聖骸布において初めて発見された新種の細菌と、それらがつくり出しているプラスチックの厚い膜を発見したのである。聖骸布が常に美しい織物の外観を保っている理由がここにある。また、新たな細菌生態学の面から、聖骸布像形成のメカニズムが明らかになった。それは、聖骸布に付着した血をはじめとする体液を栄養源として繁殖する、各種細菌とカビの色素がつくり出す像なのである。

炭素測定では、鑑定の対象となるサンプルにいささかも不純物が混じっていてはならない。特に有機物にはよけいな炭素が含まれているため、このような不純物があると、新しい炭素の年代までが測定結果に入り込み、もとの年代とのあいだに大きな狂いが生じてくる。博士は、この有機物からなる天然プラスチック塗装が、炭素測定結果を大きく歪めた不純物であると推理し、自説を立証するための実験に着手した。ところが、サンプル洗浄の方法からして不完全であることを知ったのだ。かつての炭素年代測定のときと同じやり方では、細菌も、それがつくり出したプラスチックの覆いも、全く除去することができなかった。細菌学の見地から聖骸布が精密検査されたのは、これが最初である。以前には細菌の存在さえ知られていなかったので、それを除く方法を発想する余地さえなかったわけである。

博士は、新しく洗浄し直したサンプルを、かつて聖骸布の鑑定を行なった施設を含む、三つの研究所に鑑定に回し、驚くべき結果を得た。以前、中世の年代をだした研究所から、紀元前の年代がでてきたのだ。古代の遺物を鑑定する場合のサンプルの洗浄作業が、どれほど重要であるかが見えてくる。少なくとも、一九八八年の聖骸布の年代決定は、完璧に崩される結果になった。博士はさらに裏づけを行ない、古代エジプトのミイラにおいても同様の発見をしている。

博士の発見を契機として、現在、炭素年代測定法に大きな疑問が投げかけられるにいたったが、残念なのは、教会側が聖骸布の保護を理由に、新しい公式鑑定を拒否している点である。この状態が続けば、キリストの磔刑と死を記録する聖書の記述を科学的に証拠づける、決定的な機会を失なうことになりかねない。だがもうひとつ、教会側が難色を見せる理由がある。

ガルツァバルデス博士は、聖骸布に今も微量に残る血痕をＤＮＡ鑑定するという大胆かつ斬新な行動にでた。そして、遺伝学の最先端技術を応用し、聖骸布にわずかに残る血の痕跡からDNAを単離、クローニングすることに成功したのである。これによって、聖骸布の人物の染色体が男性決定因子であるXY染色体を含むことが明らかになり、この人物が男性であったことが決定的となった。血液はAB型で、イスラエル人にもっとも多い血液型とされている。

それは、イエス・キリストの血なのであろうか。博士は、サンプルを採取した部分は、聖骸布の後頭部であることから、本人の血である可能性がもっとも高いと述べている。だが、教会側はマイナスイメージを帯びるクローニングという方法を取ったことに、理解を示さなかったのだ。

とはいえ、私はこの部分を読んでいて、秋田の湯沢台の聖体奉仕会で起きた事例を思い出した。この修道会の聖母像から血の涙が流れるという奇跡が起きたのは一九七〇年代のことで、計一〇一回、御像から涙が流れた。この現象は、当初は賛否両論の渦に巻き込まれたが、最終的に、伊藤大司教により奇跡と認定された。このときに鑑定された血涙の血液型が、やはりABだったのである。イエスは処女降誕したと聖書は告げている。これを信じるなら、確かにイエスの血は母マリアと同じ血液型でなければならないだろう。むろん、単なる偶然の一致かもしれないが、処女降誕に関して、ガルツァバルデス博士は興味深い見解を示している。博士は現実に処女懐胎を起こした少女を扱った経験を例に、処女懐胎は十分にあり得るとの見解だ。

それは、医学的には「部分的処女生殖」(Partial Parthenogenesis) といわれている現象で、母胎となる処女の卵巣付近に存在するY遺伝子が、卵子と結合する場合に起こると言われているものだ。この種の事例は少ないながらも報告されているが、どれも擬似胎児と呼ばれる腫瘍に類するもので、摘出されるのが普通である。キリストと比較することはできないものの、少なくとも、処女がXY遺伝子を含む胎児をつくり出し得ることは、医学会では知られている現象なのである。

ガルツァバルデス博士の研究と発見は、初期段階で教皇ヨハネ・パウロⅡ世に通知された。博士はサンドリ枢機卿を介して、教皇から祝福のこもった返事を得ている。本書の原稿も、謁見の場で直接教皇に献呈され、バチカン新聞『オッセルバトーレ・ロマーノ』の報道によって広く注目を呼んだ。

だが、聖骸布が真実、西暦一世紀のものであることを世界に証明するには、バチカンが修正炭素測定による聖骸布の年代決定を、ふたたび公式に許可することが絶対条件である。博士はそのための準備はすべて整え、あとは決定を待つだけになっている。その瞬間を期待したい。そのときこそ、全世界に向けて白黒がはっきりし、聖骸布中世説という基本的誤りを前提とする、キリストについての各種の滑稽な説も、姿を消すことだろう。

博士によれば、聖骸布の血は、バクテリアの捕食によって、年々減少の一途をたどっている。このままだと、血が完全に細菌とカビに置き換わるのは時間の問題だ。バチカンによる早期の決定が待たれるところである。それに加えて、バクテリアの存在を勘定に入れなかったがために、細菌の生態系バランスを壊し、聖骸布像を歪める可能性のある保存方法がとられていることにも、警告を発している。このような保護の面でも、最新のバクテリオロジーの面から、適切な防護措置を講ずる必要がでてくる。

本書は、医学と細菌学の権威である一科学者が経験した、キリスト教の一大ミステリー、「トリノ聖骸布」をめぐる驚天動地の科学アドベンチャーである。正しい科学的アプローチが、古代の宗教的真理を証明し得ることを考えさせる、興味深く、貴重な一冊と言えよう。

二〇〇〇年七月　　訳者

著者略歴

レオンシオ・ガルツァバルデス

医学博士。テキサス州サン・アントニオの小児科医で、テキサス大学健康科学センターの微生物学教授。古代の器物にバクテリアが生み出したバイオプラスチック膜を初めて発見、微生物考古学の新分野を開拓した。

訳者略歴

林 陽（はやし よう）

1953年生まれ。獨協大学で英文学を専攻。訳書は『ホピ宇宙からの聖書』『チベット永遠の書』『契約の櫃』（いずれも徳間書店刊）『悪魔に愛された女』（小社刊）など40冊あまり。

SEIKO SHOBO

イエスのDNA

2000年 9 月10日　初版第1刷発行
2000年11月30日　初版第3刷発行

著者　レオンシオ・ガルツァバルデス
訳者　林 陽

＊

発行者　田中亮介
発行所　株式会社 成甲書房
東京都千代田区猿楽町2-2-5 〒101-0064
TEL 03-3295-1687　FAX 03-5282-3136
振替 00160-9-85784
E-MAIL mail@seikoshobo.co.jp
URL http://www.seikoshobo.co.jp
印刷・製本　株式会社シナノ

＊

ISBN4-88086-107-3